Laboratory Manual
to accompany

Rendez-vous

Laboratory Manual
to accompany

Rendez-vous
AN INVITATION TO FRENCH

SIXTH EDITION

Myrna Bell Rochester

With video activities by
Françoise Santore

Boston   Burr Ridge, IL   Dubuque, IA   Madison, WI   New York   San Francisco   St. Louis
Bangkok   Bogotá   Caracas   Kuala Lumpur   Lisbon   London   Madrid   Mexico City
Milan   Montreal   New Delhi   Santiago   Seoul   Singapore   Sydney   Taipei   Toronto

McGraw-Hill Higher Education

A Division of The **McGraw-Hill** Companies

This is an  book

Laboratory Manual to accompany
Rendez-vous
An Invitation to French

Published by McGraw-Hill, an imprint of The McGraw-Hill Companies, Inc., 1221 Avenue of the Americas, New York, NY 10020. Copyright © 2002, 1998, 1994, 1990, 1986, 1982 by The McGraw-Hill Companies, Inc. All rights reserved. No part of this publication may be reproduced or distributed in any form or by any means, or stored in a database or retrieval system, without the prior written consent of The McGraw-Hill Companies, Inc., including, but not limited to, in any network or other electronic storage or transmission, or broadcast for distance learning.

Portions of this book reprinted by permission from the *Manuel de laboratoire pour accompagner Bonjour, ça va? An Introductory Course,* Third Edition, by Myrna Bell Rochester, published by McGraw-Hill, Inc. Copyright © 1991 by McGraw-Hill, Inc.

This book is printed on acid-free paper.

4 5 6 7 8 9 0 CUS CUS 0 9 8 7 6 5

ISBN 0-07-249025-X

Editor-in-chief: *Thalia Dorwick*
Publisher: *William R. Glass*
Senior sponsoring editor: *Leslie Oberhuber*
Development editor: *Michelle-Noelle Magallanez*
Senior marketing manager: *Nick Agnew*
Senior project manager: *David M. Staloch*
Associate project manager: *Holly Rudelitsch*
Senior production supervisor: *Richard DeVitto*
Senior supplements producer: *Louis Swaim*
Photo researcher: *Alexandra Ambrose*
Compositor: *Interactive Composition Corporation*
Typeface: *10/12 Palatino*
Printer and binder: *Von Hoffmann Graphics*

Grateful acknowledgment is made for use of the following:

Page **69** from *La Vraie cuisine française* by R. J. Courtine (Vervier, Belgium: Éditions Gérard, 1963); **136** from *l'État de la France,* 1992 (Paris: La Découverte, 1992); **137** from *Le Nouveau Guide de France* by Torrès and Michaud (Paris: Hachette, 1983); **150** Reprinted with permission of Jean Rey; **197** © 1998—Les Éditions Albert René/Goscinny-Uderzo; **226** «Les lignes de nos mains» from *La Ronde des jours* by Bernard Dadié, © Seghers.

http://www.mhhe.com

Table des matières

Preface

INTRODUCTION

This Laboratory Manual, with its audio program, accompanies the sixth edition of *Rendez-vous: An Invitation to French*. Each chapter of the Laboratory Manual is based on the corresponding main text chapter, so that students can practice material soon after their class session. Students are advised to work with the audio program several times a week for twenty to forty minutes at a time. The video can be viewed at the media lab or in class.

Based on reviewers' positive reactions to the fifth edition of the *Rendez-vous* Laboratory Manual, we have retained many of the features that were added to that edition, such as: *Un entretien avec...*, *En situation*, *Impromptu*, and *Regardons!*, described here.

Listening activities figure prominently in all sections of the audio program. The language is natural and understandable, and the content is lively and meaningful throughout. Much student practice is visually based, with cues ranging from original cartoon strips to contemporary realia pieces. Throughout the Laboratory Manual, references made to the French franc remain. As of January 1, 2002, a new European monetary unit, the euro, went into circulation in France. We have made reference to the euro where appropriate.

We have provided a generous number of personalized interviews and questions, in which the student plays the role of the second or third respondent. Some exercises are productive; many give practice in information gathering, with either multiple-choice or short-answer written responses. Students are actively encouraged to listen for general ideas, to stop or pause the recording in order to write or study visuals, and, in the case of longer passages, to replay the recording and listen again as needed. "Rewind" and "stop" icons indicate where replaying or pausing would be especially useful. "Hint boxes" in English give students strategies for approaching specific exercises.

Chapitre préliminaire: Premier rendez-vous is organized according to the introductory lesson of the main text. All other chapters of the Laboratory Manual contain the following sections:

Étude de vocabulaire is a vocabulary section to be covered after students are acquainted with the theme of the chapter. Each vocabulary sequence concludes with a personalized or interview activity.

Voix francophones is a global listening comprehension activity featuring authentic statements by a variety of Francophone speakers. The program guides students in gathering information and teaches useful listening strategies.

Étude de grammaire consists of a variety of exercises, both receptive and productive, for each grammar point. Some partial dictations are provided.

Étude de prononciation offers focused pronunciation practice, with tips and reminders in English. Each pronunciation section includes a dictation in authentic language that works with the vocabulary and grammar of the chapter. Dictations become progressively more challenging throughout the course. A recording of the active vocabulary listed at the end of each chapter in the main text is included for additional pronunciation practice.

Prenez l'écoute! is based on a variety of interviews and conversations with native French speakers and provides extended listening comprehension practice. Follow-up activities encourage information gathering and personalized responses. Each *Prenez l'écoute!* section ends with *Un entretien avec...*, dramatized testimonials (based on the testimonials in the main text) by respondents from throughout the Francophone world. Particularly useful as listening activities, each testimonial is accompanied by a map situating the speaker's native region.

En situation is a topical dialogue based on functional language. Students put these conversations into practice in two features: *Qu'est-ce qu'on dit... pour...?*, where everyday survival vocabulary is used in situations similar to those portrayed in the dialogue, and *Impromptu*, where students work with a brief variation of the dialogue to reinforce skills in conversational turn taking.

Regardons! presents a complete set of previewing, viewing, and follow-up activities for the video segments of the *Rendez-vous* video program featured in the *Situations* section of the Workbook. The video activities include vocabulary study, comprehension tasks, and an opportunity for open-ended writing practice. Additional materials to accompany the video, including transcriptions and activities for the remaining video segments, can be found in the Instructor's Manual.

Answers offers students the responses or suggested answers to the audio activities that are recorded, with a pause for the student to repeat the suggested answer. Answers to single-response written exercises are printed in the appendix to this Manual.

With the *Rendez-vous* audio and video programs, students have access to natural, native language models while gaining necessary speaking skills in French. We believe that they will find this Laboratory Manual an interesting and vital part of their language learning.

ACKNOWLEDGMENTS

This program has benefited enormously from the professional skills and hard work of a number of McGraw-Hill editors and associates. The authors wish to thank the following people who made important contributions to the Laboratory Manual: Michelle-Noelle Magallanez, Development Editor; Nicole Dicop-Hineline, native reader; David Staloch, Project Manager; Holly Rudelitsch, Associate Project Manager; and Scott Tinetti, Director of Development. Our gratitude goes to the many other staff members at McGraw-Hill whose work made the publication of this edition possible. Warm thanks are also extended to Laetitia Sonami and her team of versatile and talented Francophone actors, who have once again breathed life into the printed page. Special thanks to Leslie Oberhuber and William R. Glass for their support and encouragement.

CHAPITRE PRÉLIMINAIRE

Premier rendez-vous

TO THE STUDENT

Tips for getting the most out of the *Rendez-vous* audio program:

1. Chapters in this Laboratory Manual assume that you are familiar with the corresponding chapter material in *Rendez-vous*, Sixth Edition. Your instructor will probably suggest that you begin the laboratory material after a whole chapter, or certain designated chapter sections of the main text, have been presented in class.

2. Use the audio program at the language lab, or, if you have your own set of cassettes or CDs, use them anywhere you can listen, speak, and use this Manual without interruption.

3. Plan on working with the material in individual sessions of 20–40 minutes. Longer sessions are inefficient.

4. This laboratory program is largely designed to give you listening practice; most activities require that you concentrate on what is being said before reacting. Before sitting down to work, try to get yourself into a receptive mood. Minimize outside distractions. Get your bearings by reading direction lines and previewing any visual or printed material in each activity. Often these will help you understand what to listen for.

5. Remember that these are all practice exercises, not tests. Lab exercises will ask you for a simple spoken answer, a dictation fill-in, or a brief written response to a multiple-choice or short answer question.

6. In this program, you will often hear cue questions and statements twice, to help you with comprehension, before the pause provided for your response. Some cues are presented only once, for the sake of natural language. However, you may stop or pause the recording and replay passages or whole sections as needed. In this Manual, the symbol ⟲ is used to suggest that you replay certain sections; the symbol ⊗(STOP) suggests that you stop or pause the cassette or CD to look at a drawing or chart, or to write an answer. But don't stop at single words or phrases that you may not understand at first. Always try to get the gist of what you hear before replaying any section.

Answers: Many exercise items provide suggested responses on the recording either before or after pausing for your answer. Your answer does not need to match these exactly. Personalized, open-ended activities usually do not provide answers. Answers to exercises asking for written responses are printed in the appendix to this Manual. (Please don't refer to them, of course, before trying the exercise once or twice on your own.)

Première partie

Bonnes manières

A. **Salut!** Listen to several people greet each other and exchange pleasantries. Then join each conversation by giving your own response.

MODÈLE: Salut! —Salut! —Bonjour, ça va? → Ça va?

> Answer with one of the answers you hear on the cassette or CD, or with a different, appropriate one.

1. ...   2. ...   3. ...   4. ...   5. ...   6. ...

B. **Une rencontre** (*meeting*): **Jacqueline, Rémi et le nouveau professeur.** You will hear a conversation among three people. Each exchange corresponds to one of the drawings below. Listen to the whole conversation once or twice, then do the following exercise.

Now you will hear questions taken from the conversations you just heard. Say and check off the most logical of the three answers given below.

1. _____ Au revoir.

   _____ Merci beaucoup.

   _____ Bonjour, Madame.

2. _____ Je m'appelle Jacqueline Martin.

   _____ Très bien, merci.

   _____ Ça va?

3. _____ Je m'appelle Jacqueline Martin.

   _____ Ça va?

   _____ Très bien, et vous?

4. _____ Pas mal.

   _____ De rien.

   _____ Je ne comprends pas. Répétez, s'il vous plaît, Madame.

5. _____ Salut.

   _____ Ah oui, je comprends. Merci, Madame.

   _____ De rien.

6. _____ Oh! Pardon! Excusez-moi!

   _____ À bientôt!

   _____ Au revoir!

7. _____ Je m'appelle Rémi.

   _____ Oh, ça peut aller.

   _____ Et vous?

8. _____ Bonsoir, Madame.

   _____ Salut.

   _____ Comment vous appelez-vous?

Les nombres de 0 à 20

A. Comptez! Repeat the numbers given, adding two numbers each time.

1. ...   2. ...   3. ...   4. ...

B. Carnet d'adresses (*Address book*). Listen as several students give their addresses, and write the numbers you hear. Careful! The names below are not in order.

KENNETH: _____, boulevard des Ponts

AIMÉE: _____, avenue Kennedy

BERNARD: _____, rue Briand

JACQUELINE: _____, rue Duglas

MARIE: _____358_____, rue Orme

(Les réponses se trouvent en appendice. *Answers are in the appendix.*)

Dans la salle de classe

A. **Mais non!** The student you will hear is confused about what she is seeing. Look at each sketch as she describes it, and correct what she says.

> MODÈLE: Et voici un cahier! → Mais non, c'est un livre!

1.  2.  3.  4.

5.  6.  7.

B. **Dans la salle de classe.** Stop or pause the recording for a moment to look at the following drawing. **(STOP)** Then listen to the questions and answer them.

> MODÈLE: Il y a combien d'étudiants dans la salle de classe? → Il y a cinq étudiants.

1. ...   2. ...   3. ...   4. ...   5. ...   6. ...   7. ...

Étude de prononciation

A. **La syllabe.** In French, each syllable starts with a consonant. Syllables in a word or expression are practically equal in stress and "weight."

Écoutez:

je-m'a-ppelle̸-ma-rie-du-pont
bon-jour-ça-va

Répétez les expressions. Attention à l'égalité des syllabes.

- Bonjour, ça va? (bon-jour-ça-va?)
- Oui, ça va bien. (oui-ça-va-bien)
- Comment vous appelez-vous? (co-mment-vou-sa-ppe̸lez-vous?)
- Je m'appelle Marcel Martin. (je-m'a-ppelle̸-mar-cel-mar-tin)
- Je ne comprends pas. (je-ne-com-prends-pas)
- Répétez, s'il vous plaît. (ré-pé-tez-s'il-vous-plaît)

B. **L'alphabet français.** Say each letter of the alphabet and the corresponding name after the speaker.

a	a	Anatole	n	enne	Nicole
b	bé	Béatrice	o	o	Odile
c	cé	Claude, Cyrille	p	pé	Pascal
d	dé	Denise	q	ku	Quentin
e	e	Emma	r	erre	Roland
f	effe	France	s	esse	Suzanne
g	gé	Georges, Guy	t	té	Thérèse
h	hache	Hélène	u	u	Ulysse
i	i	Isabelle	v	v	Véronique
j	ji	Jacqueline	w	double v	Wagram
k	ka	Kévin	x	iks	Xavier
l	elle	Lucien	y	i grec	Yvette
m	emme	Marguerite	z	zède	Zoé

Et vous? Comment vous appelez-vous? Prononcez votre nom à la française.

Je m'appelle ...

Deuxième partie

Les nombres de 20 à 60

A. **Le matériel.** A student assistant is counting the items in the supply room. Circle the numbers that you hear.

1. 2   12   22
2. 17   47   57
3. 12   2   52
4. 26   6   16
5. 35   15   25
6. 16   13   57

(Les réponses se trouvent en appendice. *Answers are in the appendix.*)

B. **À la réception.** You are working at the lobby desk at the French House on campus. Listen to various students' phone numbers. Write down the missing figures. 🔊📻

KENNETH: 03–43–48–(23)–31

AIMÉE: 03–59–22–_____–17

BERNARD: 03–18–_____–30–21

JACQUELINE: 03–36–13–59–_____

MARIE: 03–27–_____–14–08

(Les réponses se trouvent en appendice.)

Quel jour sommes-nous?

Quel jour sommes-nous? On which day of the week do you usually do the things or visit the places mentioned on the recording?

Expressions utiles: lundi, mardi, mercredi, jeudi, vendredi, samedi, dimanche

MODÈLE: Vous êtes (*You are*) au cinéma. → Nous sommes samedi.

1.

2.

3.

4.

5.

Étude de prononciation

La notation phonétique

Each of these symbols, taken from the International Phonetic Alphabet (IPA), corresponds to one of the sounds of French.

> *Rendez-vous* contains some phonetic transcriptions to help you distinguish sounds and their letter combinations. Your instructor may also use some IPA symbols in class.

Prononcez les sons et les exemples suivants.

VOYELLES

VOYELLES ORALES

[a]	madame	[ma-dam]
[i]	dix	[dis]
[e]	répétez	[re-pe-te]
[ɛ]	merci	[mɛr-si]
[u]	jour [ʒur]	SEMI-VOYELLES
[y]	salut	[sa-ly]
[o]	au	[o]
[ɔ]	Robert	[rɔbɛr]
[ø]	deux	[dø]
[œ]	neuf	[nœf]
[ə]	de	[də]

VOYELLES NASALES

[ã]	en, comment	[ã], [kɔ-mã]
[ɛ̃]	bien, vingt	[bjɛ̃], [vɛ̃]
[ɔ̃]	bon, pardon	[bɔ̃], [par-dɔ̃]

SEMI-VOYELLES

[ɥ]	huit	[ɥit]
[j]	rien	[rjɛ̃]
[w]	moi, oui	[mwa], [wi]

CONSONNES

[b]	bon	[bɔ̃]
[ʃ]	chalet	[ʃa-lɛ]
[d]	de	[də]
[f]	photo	[fo-to]
[g]	Guy	[gi]
[ʒ]	je	[ʒə]
[ɲ]	champagne	[ʃã-paɲ]
[l]	appelle	[a-pɛl]
[m]	mal	[mal]

[n]	non	[nɔ̃]
[p]	plaît	[plɛ]
[r]	au revoir	[o-rə-vwar]
[k]	comme	[kɔm]
[s]	ça, si	[sa], [si]
[z]	mademoiselle	[ma-dmwa-zɛl]
[t]	Martin	[mar-tɛ̃]
[v]	va	[va]

Prenez l'écoute!

Messages pour le professeur. You are housesitting for Mme Blanchard, a French instructor. Listen to the messages on her answering machine and take notes about the calls.

> Remember: Don't attempt to grasp every word in the listening passage. Listen for the information that you need while you look at the questions or forms to fill out. You may replay portions of the recording as necessary.

1.   La personne qui appelle (*Caller's name*): _____ Éric _____

C'est un(e) camarade?   _____

un(e) collègue?   _____

un(e) secrétaire?   _____

un(e) étudiant(e)?   _____

Raison de l'appel: dire bonjour? _____

problème ou difficulté? _____

question? _____

Numéro de téléphone: _____

2.   La personne qui appelle: _____ Marie-Hélène _____

C'est un(e) camarade?   _____

un(e) collègue?   _____

un(e) secrétaire?   _____

un(e) étudiant(e)?   _____

Raison de l'appel: dire bonjour? _____

problème ou difficulté? _____

question? _____

Numéro de téléphone: _____

3.   La personne qui appelle: _____ Élisabeth _____

C'est un(e) camarade?   _____

un(e) collègue?   _____

un(e) secrétaire?   _____

un(e) étudiant(e)?   _____

Raison de l'appel: dire bonjour? _____

problème ou difficulté? _____

question? _____

Numéro de téléphone: _____

(Les réponses se trouvent en appendice.)

🛑 Now, decide which message to give Mme Blanchard first. Number them below in order of importance.

a. _____   b. _____   c. _____

CHAPITRE UN

La vie universitaire

Étude de vocabulaire

A. **Un rêve** (*dream*). You will hear Corinne Legrand describe a dream she had. Indicate whether the elements in it are rather normal or somewhat strange (**assez bizarre**).

	ASSEZ NORMAL	ASSEZ BIZARRE
à la bibliothèque	_____	✔_____
à la fac des lettres	_____	_____
au café	_____	_____
au restaurant	_____	_____
dans le bureau du prof	_____	_____
au cinéma	_____	_____

(Les réponses se trouvent en appendice.)

B. **Une matinée** (*morning*) **studieuse.** Jeannette Rivard is a busy university student. Listen to her describe what she does on weekday mornings and complete the following chart.

> Replay the recording as necessary, but remember that you do not need to understand every word you hear. Listen only for the information you need to complete the chart.

UNIVERSITÉ DE CAEN					
Nom: Jeannette Rivard					
heure	lundi	mardi	mercredi	jeudi	vendredi
8 h^a	histoire chinoise		histoire chinoise		histoire chinoise
9 h					
10 h					
11 h					
12 h					
13 h					

^aheures (*hours*) = *o'clock*

(Les réponses se trouvent en appendice.)

C. Voitures qui passent (*Passing cars*). You're guessing that each of these people is driving a car made in his native country. Listen to each question and identify the driver.

ESSAIS, FACE-A-FACE, COMPARATIFS RECEVEZ CHEZ VOUS L'ESSAI DE VOTRE PROCHAINE VOITURE

LAQUELLE CHOISIR ?

ALFA ROMEO	BMW	CITROEN	FORD
HONDA	JAGUAR	PEUGEOT	RENAULT

MODÈLE: Qui est dans la BMW? → Je ne sais pas... C'est un Allemand?

1. ...   2. ...   3. ...   4. ...   5. ...   6. ...

D. Goûts (*Tastes*) **et préférences.** What do these people like to do? 🛑 Listen to each question, and answer based on the drawings. After each response there is a question directed to you.

Expressions utiles: les films de science-fiction, la musique classique, le ski, le tennis, le volley-ball

MODÈLES: Et Pierre? Il aime le base-ball? → Non, Pierre aime le jogging.

Et vous? Vous aimez le jogging? →
Mais oui, j'aime le jogging. (*ou* Non, j'aime mieux le tennis.)

1. ...   2. ...   3. ...   4. ...

E.   **Et vous?** You will hear someone interviewing a group of students about what they like. Listen to the question and to the answers given by the two other students. Finally, give your own answer.

1. ...   2. ...   3. ...   4. ...

Voix francophones

Étudiants francophones. Listen to separate statements by Marie-Laure and Khaled, two French-speaking students studying in Los Angeles. As you listen, fill in the chart below informally.

	MARIE-LAURE	KHALED
Nationalité?	_____	_____
Âge?	23 ans[a]	ans
Activités?		
Études?	_____	_____
	_____	_____
Travail?	_____	_____
	_____	dans une galerie
Intérêts et distractions?	_____	d'art moderne
	la danse	_____
	_____	jouer au volley-ball
	_____	_____

[a]*years old*

(Les réponses se trouvent en appendice.)

Étude de grammaire

1. Articles and Nouns

IDENTIFYING PEOPLE AND THINGS

A. **Le plan du quartier universitaire.** Look at this view of a university neighborhood, 🛑 and answer the questions.

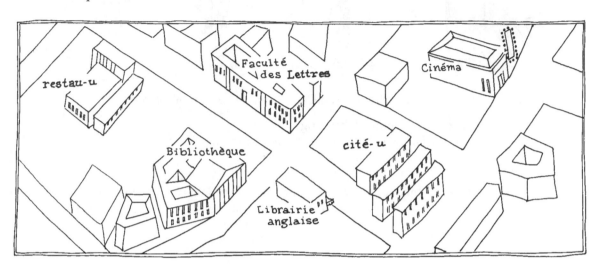

MODÈLE: Il y a une librairie anglaise? → Oui, voici la librairie anglaise.

1. ... 2. ... 3. ... 4. ... 5. ...

B. **À la manifestation.** Georges isn't sure who he sees in the crowd at this student demonstration. Listen to his comments, then agree with him or correct him.

MODÈLE: Ici, c'est une étudiante? →
Non, c'est un étudiant.

2. Plural Articles and Nouns

EXPRESSING QUANTITY

A. **À la librairie.** You're buying a few things for yourself and a couple of classmates. Check the shopping list, then answer the cashier's questions.

4 dictionnaires de russe
des cahiers d'exercices
2 livres de français
des crayons
4 histoires de France
5 Paris-Match

MODÈLE: LA CAISSIÈRE: Vous désirez un cahier d'exercices, Mademoiselle?
VOUS: Non, Madame, des cahiers d'exercices!

1. ...   2. ...   3. ...   4. ...   5. ...

B. **Un cours difficile.** Listen to the conversation between Matthieu and his Spanish instructor on the first day of class. Then do the following exercise.

Now listen to each line of the conversation and indicate whether the objects mentioned are singular (**S**) or plural (**P**).

1. **S**   **P**   5. **S**   **P**

2. **S**   **P**   6. **S**   **P**

3. **S**   **P**   7. **S**   **P**

4. **S**   **P**   8. **S**   **P**

(Les réponses se trouvent en appendice.)

3. Verbs Ending in -er

EXPRESSING ACTIONS

A. À la cité-u. A group of students is watching a soccer game on TV when one of them decides to take an informal poll. Here's his question: **D'habitude, le soir** (*Usually, in the evening*), **tu regardes la télé?** Listen to the answers and complete the following notes.

XAVIER: D'habitude, le soir, tu regardes la télé?

FRANÇOISE: Oh oui, _____[1] très souvent des matchs de sport.

CHANTAL: Non, normalement le soir _____[2] au café.

JEAN-PAUL: Moi, _____[3] les maths avec Françoise.

RAOUL: Chantal et moi, _____[4] des disques de jazz.

MARIE-FRANCE: Moi, j'aime mieux _____[5] des fêtes (*parties*).

(Les réponses se trouvent en appendice.)

B. **Une soirée** (*evening*) **à la cité-u.** The three students in the drawing major in different subjects. Listen to their comments, then circle the name of the person who is probably speaking.

1. Chantal   Arlette   Marie-France

2. Chantal   Arlette   Marie-France

3. Chantal   Arlette   Marie-France

4. Chantal   Arlette   Marie-France

5. Chantal   Arlette   Marie-France

4. Negation Using *ne... pas*

EXPRESSING DISAGREEMENT

A. Un profil de Bernard. Bernard is somewhat opinionated. First, listen once or twice to what he says about himself. Check off his likes and dislikes.

	AIME	N'AIME PAS
le ski?	✔	
danser?		✔
la radio?		
les voyages?		
le camping?		
la psychologie?		
les maths?		

(Les réponses se trouvent en appendice.)

A friend wants to know more about Bernard. Answer his questions.

MODÈLES: Bernard aime le ski? → Oui, il aime le ski.

Il aime danser? → Non, il n'aime pas danser.

1. ...   2. ...   3. ...   4. ...   5. ...

B. Test psychologique. Answer the following questions about your habits.

MODÈLES: Tu aimes travailler à la bibliothèque? →
Non, je n'aime pas travailler à la bibliothèque.

Tu travailles généralement à la maison (*at home*)? →
Oui, je travaille généralement à la maison.

1. ... 2. ... 3. ... 4. ... 5. ...

Étude de prononciation

Cognates (*Les mots apparentés*)

Numerous English and French words have common origins. Thus, many words in the two languages are similar in form and meaning. However, in French, syllables are evenly stressed. English-speaking students need to pay particular attention to French articulation and syllable stress—or rather, the lack of it—when pronouncing cognate words.

A. Répétez les expressions suivantes.

- une situation nécessaire
- une prononciation différente
- un dialogue intéressant

- un professeur dynamique
- un café délicieux

Répétez encore.

- Julien prépare une dissertation à la faculté des sciences.

- Il déteste la situation, mais c'est une leçon importante.

La liaison. Note that a **liaison** is made—in this case, the sound [z]—when plural articles (**les, des**) and plural subject pronouns (**nous, vous, ils, elles**) precede words beginning with a vowel or mute **h**. **Exemples: les‿amis, elles‿habitent.**

B. Répétez les expressions suivantes.

- les‿histoires bizarres
- des‿amis japonais
- vous‿habitez

- elles‿aiment
- ils‿étudient
- nous‿arrivons

C. Dictée. Listen to Marie-Laure and Khaled talk about weekend plans they are making with a group of friends. Then, listen a second time while you complete the passage in writing.

> It's usually a good idea to check your work by listening to the **dictée** a third time.

MARIE-LAURE: Alors, on travaille _____¹ soir?

KHALED: Ah non, pas du tout! _____² une pizza,

_____³ une bonne vidéo, _____⁴

avec Sylvie et Charles. Et puis _____⁵ ensemble (_together_)

une disco ouverte (_open_) jusqu'à _____⁶ heures.

MARIE-LAURE: Super! En fait, tu sais, je déteste _____⁷ le vendredi soir!

(Les réponses se trouvent en appendice.)

Prenez l'écoute!

A. Correspondants. This is an application form from an office in Quebec that sets up correspondence between students. Complete the first application for yourself. (STOP)

NOM	NOM ....
PRÉNOM	PRÉNOM ... _Félix_
ADRESSE	ADRESSE ... _21 rue Royal_
nº rue ou route appartement	nº rue ou route appartement
	Yarmouth
village ou ville comté	village ou ville comté
	Nouvelle- Écosse (Nova Scotia)
code postal	code postal
TÉLÉPHONE	TÉLÉPHONE ....
SEXE .... ÂGE	SEXE ... _M_ ... ÂGE ....
ÉCOLE:	ÉCOLE:
Nom	Nom ... _McGill_
Adresse	Adresse ....
....	.... _Montréal_
ANNÉE OU NIVEAU D'ÉTUDES	ANNÉE OU NIVEAU D'ÉTUDES ....
	.... _première année_
GOÛTS OU INTÉRÊTS PARTICULIERS	GOÛTS OU INTÉRÊTS PARTICULIERS
	l'économie; la nature

Now listen to a phone conversation between Félix, a Canadian student looking for a pen pal, and an operator who is asking him questions. Fill in an application for Félix based on what you hear. Finally, answer the question printed below, in English or in French.

(Les réponses se trouvent en appendice.)

What do you have in common with Félix? Would you like to correspond with him? Why or why not?

_____

_____

B. **Un entretien** (*interview*) **avec... Adeline Florence Ranaivo.** Mme Ranaivo is a 45-year-old physician from Antananarivo, Madagascar.

Listen to the interviewer's questions and Mme Ranaivo's response. Then answer the true/false questions that follow.

> Read the following true/false statements before you listen to the conversation.

Vrai ou faux?

1. Mme Ranaivo parle une seule langue: le français.   **V   F**

2. Elle préfère le malgache au français.   **V   F**

3. À l'hôpital, elle parle souvent malgache avec les patients.   **V   F**

4. Madagascar semble avoir une culture bilingue.   **V   F**

(Les réponses se trouvent en appendice.)

En situation

A. **Rendez-vous.** Listen twice to this conversation, especially to the greetings and plans of Michel and Julien, then participate in the exchanges in activity B.

Michel et Julien sont étudiants à la faculté des lettres. Ici, Michel donne rendez-vous à Julien au café.

MICHEL:	Tiens! Salut, Julien. Comment ça va?	
JULIEN:	Pas mal. Et toi°?	*you*
MICHEL:	Bof, ça va. Tu travailles à la bibliothèque cet° après-midi?	*this*
JULIEN:	Oui, je prépare une dissertation.°	*paper, report*
MICHEL:	Eh bien, alors,° rendez-vous au Métropole à cinq heures°?	Eh... *Well, then* cinq... *five o'clock*
JULIEN:	D'accord.	
MICHEL:	À tout à l'heure.°	À... *See you later.*
JULIEN:	Salut.	

B. **Qu'est-ce qu'on dit... pour donner rendez-vous?** Read over these expressions that are useful when making plans with others. 🛑 Then, listen twice to the speaker and respond with the most appropriate expression.

> MODÈLE: Salut! Comment ça va? → Pas mal, et toi?

> Bon, d'accord.   Jusqu'à quatre heures.
> Ça va bien, merci. Et toi?   Pas mal, et toi?
> Au revoir. À tout à l'heure.   Oui, je prépare une leçon de français.

1. ...   2. ...   3. ...   4. ...   5. ...

C. **Impromptu.** Listen carefully to the following short exchange based on the **En situation** dialogue. Then, listen a second time and jot down the expressions missing from the transcript below.

CHRISTINE: Salut, Djamila! Comment ça va?

DJAMILA: _____¹?

CHRISTINE: Quoi de neuf?

DJAMILA: _____.² _____,³ je travaille

_____...⁴

CHRISTINE: Eh bien, alors, rendez-vous à la bibliothèque, d'accord?

DJAMILA: _____⁵! _____⁶!

Now, listen to Christine's remarks a third time and answer in Djamila's place.

1. ...   2. ...   3. ...

(Les réponses se trouvent en appendice.)

Regardons!

Faire connaissance

Présentation

Bénédicte and Caroline are talking after class at the university. The conversation turns to Paul, a friend of Bénédicte's. Caroline says she finds Paul annoying and pretentious, but see what happens when Paul comes over to talk . . .

Vocabulaire utile

ce cours de sciences po (*fam.,* **sciences politiques**)	this political science course
sympa (*fam.,* **sympathique**)	friendly, nice
Tu peux me passer... ?	Can you give me . . . ?
le restau-u (*fam.,* **restaurant universitaire**)	university cafeteria
le pull rayé	striped sweater
énervant	annoying
plutôt mignon	rather cute
trop sûr de lui	too sure of himself
J'ai beaucoup de travail...	I have a lot of work . . .
Vous voulez venir?	Would you like to come?
la bibliothèque	library
J'ai suffisamment de notes de cours.	I have enough notes from class.
À tout à l'heure!	See you soon!

Activités

A. La discussion. Identifiez par une lettre la personne qui dit les choses suivantes: Caroline (la brune) (**C**), Bénédicte (la blonde) (**B**), Paul (**P**).

1. _____ «Les étudiants sont très sympa.»

2. _____ «Tu peux me passer un ticket pour le restau-u aujourd'hui?»

3. _____ «Il est un peu trop sûr de lui.»

4. _____ «Moi, je le trouve plutôt mignon.»

5. _____ «J'ai beaucoup de travail avec les examens.»

6. _____ «Je vais avec des amis au café.»

7. _____ «J'ai suffisamment de notes de cours.»

8. _____ «Le rendez-vous est à une heure.»

B. **Rencontre après les cours.** Trouvez la bonne réponse.

1. Bénédicte aime beaucoup _____.
   a. son horaire
   b. le cours de sciences po
   c. le laboratoire de langues

2. Paul porte _____.
   a. un pull rayé et un pantalon marron
   b. une chemise beige et un pantalon bleu
   c. une chemise bleue et un pantalon beige

3. Caroline pense que Paul est _____.
   a. énervant et prétentieux
   b. sympa et dynamique
   c. timide et trop sérieux

4. Bénédicte va _____.
   a. dormir dans sa chambre
   b. aller au café
   c. travailler à la bibliothèque

5. Le rendez-vous au café est à _____.
   a. deux heures et quart
   b. trois heures et demie
   c. une heure

(Les réponses se trouvent en appendice.)

Pot-pourri culturel

Les abréviations: Voici des abréviations que les étudiants français utilisent souvent.

la géographie	la géo
le laboratoire	le labo
les mathématiques	les maths
la philosophie	la philo
les sciences politiques	les sciences po
la sociologie	la socio

Le café: Le café joue un rôle très important dans la vie sociale des Français. Les étudiants aiment beaucoup se retrouver (*to meet*) au café après les cours, le soir ou en fin de semaine. Ils discutent des profs, de politique, de la vie en général. Le café est une véritable institution en France.

Le restau-u: Tous les mois, les étudiants achètent un carnet (*booklet*) de tickets pour manger au restau-u. Les restau-u sont normalement ouverts tous les jours, mais certains ferment en fin de semaine. La nourriture (*food*) a la réputation de ne pas être très bonne, mais les repas sont équilibrés (*balanced*) et bon marché (*cheap*).

Le cartable: Comme Paul dans la vidéo, les étudiants français portent en général leurs livres et leurs cahiers dans un cartable (*satchel*). Les étudiants américains, par contre, utilisent souvent un sac à dos.

Regardez la vidéo une dernière fois (*one last time*) en faisant particulièrement attention aux détails mentionnés ici.

CHAPITRE DEUX

Descriptions

Étude de vocabulaire

A. **Un nouveau job.** Gérard Leclerc is looking for a job. You will hear him describe himself. As you listen, check off his characteristics on the chart, then do the following exercise.

intelligent	✔	dynamique	_____
sincère	_____	enthousiaste	_____
ambitieux	_____	difficile	_____
pas paresseux	_____	raisonnable	_____
sensible	_____	égoïste	_____

(Les réponses se trouvent en appendice.)

Gérard has given your name as a reference. The interviewer calls you with a few questions. Listen to the questions and give her your opinion.

1. ...   2. ...   3. ...   4. ...   5. ...

B. **Étudiants typiques.** This afternoon, Suzanne is going to the university and Jean-Paul is going to the rec center. Listen to a description of what each is wearing, and quickly sketch the clothing described on the figures below. 🛑

Suzanne

Jean-Paul

Regardez Suzanne.

    1. ...   2. ...   3. ...

Maintenant, regardez Jean-Paul.

    1. ...   2. ...   3. ...   4. ...

(Les réponses se trouvent en appendice.)

C. Où sont les hamsters de Dorothée? Listen to the following questions, then describe where Dorothée's hamsters are, using the prepositions **à côté de, sur, dans, derrière, devant,** or **sous.**

MODÈLE: Anatole est dans la cage? → Non, Anatole est sur la cage.

1. ...   2. ...   3. ...   4. ...   5. ...

D. Description. You are going to meet the friend of a friend at the bus station. Since you've never met, he calls to ask you to describe what you are wearing. Listen to each question and give a personal answer.

MODÈLE: Vous portez un imperméable ou une veste aujourd'hui? →
Je porte un imperméable.

1. ...   2. ...   3. ...

Voix francophones

Énormes rabais (*discounts*)! Look at the following store ad and think about the answers to the questions below it. This will help you understand the conversation you will hear between Virginie and Grégoire. (stop)

PUCE MARKET
72, rue de France et 2, rue Bonaparte — NICE

HELL'S ANGELS
5, avenue de la Californie — NICE

ENORMES
RABAIS

JEAN'S DENIM indigo, délavé ou non
Grand choix de gdes marques
Fin séries .... 130 F[a] – 70 % **39** F

PANTALONS PALATINE VELOURS
Toutes tailles plusieurs coloris
Du 38 au 48 .... 150 F – 60 % **60** F

JEAN'S VELOURS MILLE RAIES
Tr. gd choix mod. rétro ou norm.
Fines côtes. Toutes tailles .... 140 F – 60 % **56** F

COMBINAISONS[b] VELOURS
Dédé blanc, mode, col. divers .... 280 F – 50 % **140** F

BLOUSONS fourrés aviateur
imperméabilisés, acrylique .... 220 F – 50 % **110** F

TRÈS BEAUX PULLS JACQUARD
Barbe Noire, de 2 à 14 ans .... 80 F – 50 % **40** F

SOUS PULLS
Acrylique .... 20 F – 50 % **10** F

---

[a]*References to French monetary units throughout the Laboratory Manual are in French francs.*   [b]*jumpsuits*

1. In what city are the Puce Market and Hell's Angels stores located? Where is this city? _____
   _____

2. Name three items that are discounted this week. _____
   _____

3. In your opinion, what type of customers shop at these stores? _____
   _____

4. What would you buy here this week? Where would you wear it (them)? _____
   _____
   _____

Choix faciles ou difficiles? As you listen to Grégoire and Virginie, check off the correct completion to the following sentences. 🎧

Virginie et Grégoire sont devant le Puce Market, rue Bonaparte, à Nice.

1. Virginie pense à (*is thinking about*) ____.

   _____ son interview

   _____ la soirée de samedi soir

2. Virginie est plutôt ____.

   individualiste

   _____ conformiste

3. Aujourd'hui, Virginie désire acheter (*to buy*) ____.

   _____ un beau tailleur et un chemisier

   _____ un jean en velours et un pull

4. Grégoire est ____.

   _____ plus (*more*) réaliste que Virginie

   _____ plus excentrique que Virginie

(Les réponses se trouvent en appendice.)

Étude de grammaire

5. The Verb *être*

IDENTIFYING PEOPLE AND THINGS

A. **Un étudiant typique.** Listen to Nathalie's questions and give Alain's answers by referring to the drawing.

MODÈLE: Normalement, pour travailler, où es-tu? → Je suis dans ma chambre.

1. ...   2. ...   3. ...   4. ...   5. ...

B. Un étudiant inattentif. Maurice doesn't see very well. Listen to his observations and correct what he says based on what you see below.

MODÈLE: C'est une limonade? → Non, ce n'est pas une limonade. Ce sont des Coca-Cola!

1.

2.

3.

4.

5.

6. Descriptive Adjectives

DESCRIBING PEOPLE AND THINGS

A. Votre tempérament. Describe yourself by answering the following questions about your personality. Use **assez** (*rather*) or **très** (*very*) with the adjective.

> Use feminine or masculine endings in your answers, as appropriate.

MODÈLES: Vous êtes idéaliste ou réaliste? → Je suis assez idéaliste.

Vous êtes drôle ou sérieux? → Je suis très sérieuse.

1. ...   2. ...   3. ...   4. ...   5. ...

B. **Maryse et Benoît.** What do they have in common? How are they different? Answer the questions based on what you see.

MODÈLE: Maryse est individualiste. Et Benoît? →
Benoît n'est pas individualiste. (*ou* Benoît est aussi individualiste.)

1. ...   2. ...   3. ...   4. ...   5. ...   6. ...

C. **Une amie indispensable.** Robert and Michel are talking about someone in Michel's math class. Listen once or twice to what they say. 🔊 Then do the following exercise.

Robert est curieux. Il y a une étudiante intéressante dans le cours de maths de Michel...

Now listen to each of the following statements, and decide whether they are true (**V**) or false (**F**), according to the conversation.

Vrai ou faux?

1.	La nouvelle amie de Michel est française.	**V**	**F**
2.	Elle n'est pas sportive.	**V**	**F**
3.	Selon Michel, cette étudiante américaine est extraordinaire.	**V**	**F**
4.	Elle est très bonne en maths.	**V**	**F**
5.	En cours, Michel n'aime pas être à côté d'Elizabeth.	**V**	**F**

(Les réponses se trouvent en appendice.)

7. *Yes/No* Questions

GETTING INFORMATION

A. **Au Prisunic.** Listen to these comments that you might overhear in a French department store. Write the name of the person who probably said it, based on the drawings.

Richard   Cassandre   Émilie   Monique   Sylvain

1. _____   4. _____

2. _____   5. _____

3. _____

(Les réponses se trouvent en appendice.)

B. **La curiosité.** You want to know more about your friend's new boyfriend, but she has not said much. Listen to each of these things you want to know, and ask her a direct question.

> Use questions with intonation or with **est-ce que.**

MODÈLE: Vous voulez savoir si (*You want to know whether*) Augustin est sympathique. →
          Il est sympathique, Augustin?
ou   Est-ce qu'Augustin est sympathique?

1. ...   2. ...   3. ...   4. ...   5. ...   6. ...

8. The Prepositions *à* and *de*

MENTIONING A SPECIFIC PLACE OR PERSON

A. **D'où arrive Ariane?** Where is Ariane returning from? Answer based on the schedule she left with you. 🛑

> The French often use the 24-hour clock when providing a schedule: **17 h = 17 heures = 5:00 P.M.**

> *mercredi, 3 décembre*
> 9–10h *cours de philo*
> 10–11h *gymnase*
> 14–16h *laboratoire de chimie*
> 17–18h *amphithéâtre*
> *(conférence)*
> 19–20h *restau-U*
> 21–23h *cinéma*

MODÈLE: D'où arrive Ariane vers (*around*) dix heures? → Elle arrive du cours de philo.

1. ...   2. ...   3. ...   4. ...   5. ...

B. **Une soirée tranquille.** First, you will hear a description of this scene. Listen to it once or twice before you do the following exercise. 🎧

Josette

Cité-U
ce soir

Pierre

Samuel

Now, answer the following questions according to the scene pictured.

MODÈLE: Où habitent les étudiants? → Ils habitent à la cité-u.

1. ...   2. ...   3. ...   4. ...   5. ...

C. Et toi? Answer a friend's questions about the things you like to do.

1. ... 2. ... 3. ... 4. ... 5. ...

Étude de prononciation

French Articulation

French speakers generally keep the mouth and tongue more tense when speaking than English speakers do. French sounds are usually distinct and well differentiated. They are normally produced toward the front of the mouth, with the exception of the sound [r].

A. Répétez les phrases suivantes.

- Bonjour! Comment t'appelles-tu?
- Je m'appelle Patricia. Et toi?
- Voilà Didier. C'est un pianiste. Il est de Dakar.
- Salut. Et toi, Patricia, tu es d'où?

French word groups linked by meaning are called **groupes rythmiques** or breath groups. As a sentence is said, each group is pronounced as though it were a single, long word, with a slight stress on the final syllable.

B. Répétez les phrases suivantes. (The symbol + indicates the end of a breath group.)

- J'ai un ami. +
- J'ai un ami + fidèle. +
- J'ai un ami + fidèle et sympa. +
- J'ai un ami + fidèle et sympa + qui habite ici. +
- J'ai un ami + fidèle et sympa + qui habite ici, + à Paris. +

C. Dictée. Listen to Grégoire and Virginie talk about Grégoire's wardrobe needs. Then, listen a second time while you complete the passage in writing.

GRÉGOIRE: Nous partons pour le week-end, _____[1]? Écoute, Virginie,

mes _____[2] vraiment impossibles.

VIRGINIE: _____[3] vrai. Ton _____[4]-là par exemple,

_____[5]...

GRÉGOIRE: Regarde, au Puce Market _____[6] et des jeans

_____[7] et pas chers.

VIRGINIE: Tu _____[8] les grands magasins (*department stores*): le

Printemps, les Galeries Lafayette?

GRÉGOIRE: Tu sais que _____[9]... pour les vêtements.

(Les réponses se trouvent en appendice.)

Prenez l'écoute!

A. Anne-Marie Blanchard. Listen to a conversation with Anne-Marie Blanchard, a young French-Canadian designer, who is gaining a reputation for her line of informal clothing. As you listen, jot down her fashion advice on the chart below.

1. Le plus important: confort? _____ élégance? _____

2. Le look: traditionnel? _____ original? _____

3. Magasins préférés: maisons de haute couture? _____ friperies? _____

4. Couleurs pour l'automne: _____

5. Vêtements portés aujourd'hui: _____

_____

(Les réponses se trouvent en appendice.)

B. Qu'est-ce que tu aimes porter? Listen to the interviewer's question and the answers given by two other people. Then answer the question yourself.

1. ...   2. ...   3. ...   4. ...

C. Un entretien avec... Morgane Bourglan. Morgane Bourglan is 23 years old. She is a student from Laval, France.

Listen to the interviewer's question and Morgane's response. Then answer the true/false questions that follow.

Read the following true/false statements before you listen to the conversation.

Vrai ou faux?

1. Comme elle, l'amie de Morgane habite à Laval.   **V   F**

2. Gwénaëlle est aussi étudiante.   **V   F**

3. Morgane et Gwénaëlle sont très proches (*close*), mais elles n'ont pas les   **V   F**
   mêmes intérêts.

4. Les deux familles sont aussi très proches amies.   **V   F**

(Les réponses se trouvent en appendice.)

En situation

A. Au restau-u. Listen twice to this conversation, especially to the way these students introduce themselves and each other, then do activities B and C.

Nous sommes dans un restaurant universitaire d'Aix-en-Provence. Patricia, une étudiante américaine, trouve une place° à la table de Régis. Ici, Patricia fait connaissance avec° des étudiants français et francophones.

seat
fait... meets

RÉGIS:	Bonjour! Comment t'appelles-tu?°
PATRICIA:	Je m'appelle Patricia. Et toi°?
RÉGIS:	Moi, c'est° Régis. Je suis nul en anglais° mais je suis un génie en musique... Voilà Médoune. C'est un pianiste. Il est de Dakar.
PATRICIA:	Bonjour, Médoune.
RÉGIS:	Et voici Christine. Elle est de Genève et joue très bien au tennis.
PATRICIA:	Salut, Christine.
CHRISTINE:	Salut. Et toi, Patricia, tu es d'où?

Comment... What's your name?
you
Moi... Me, I'm / Je... I'm very bad at English

B. Qu'est-ce qu'on dit... pour présenter des amis? Read over the suggested sentence elements that follow. ⬤ Then, practice introducing people by the following cues. You will hear them twice.

Vocabulaire utile: Voici..., Il/Elle est..., Il/Elle a..., Il/Elle étudie..., Il/Elle aime..., Il/Elle joue au...

MODÈLE: Présentez Richard, un ami de New York qui joue au football. →
Voici Richard. Il est de New York. Il joue au football.

1. Jeanne
2. Colette
3. Pierre
4. Michel

C. Impromptu. Listen carefully to the following short exchange based on the **En situation** dialogue. Then, listen a second time and jot down the expressions missing from the transcript below.

MÉDOUNE: _____[1] t'appelles-tu?

PATRICIA: _____[2] Patricia.

MÉDOUNE: _____[3] drôlement bien le _____[4]!

_____[5] d'origine francophone?

PATRICIA: _____[6] new-yorkaise, mais _____[7]

ici, _____[8] Aix.

MÉDOUNE: Qu'est-ce que _____⁹?

PATRICIA: La _____¹⁰ et la _____¹¹ classique.

(Les réponses se trouvent en appendice.)

Now, listen to Médoune's questions a third time, and answer in Patricia's place.

    1. ...   2. ...   3. ...

Regardons!

De nouveaux vêtements

Présentation

Bénédicte and Caroline are shopping for clothes.
Can Caroline help her friend find the perfect
outfit in time for her evening with Michel?

Vocabulaire utile

quelque chose de joli	something pretty
Quelle taille fais-tu?	What's your size?
Ça dépend des coupes.	It depends on the cut.
pas très mode	not very fashionable
BCBG	preppy (lit., **bon chic, bon genre**)
trop habillé(e)	too dressy
C'est la ruine!	I'd be broke!
Tu dois l'essayer!	You have to try it on!
Ne t'inquiète pas...	Don't worry . . .

Activités

A.   Dans la boutique. Choisissez la bonne réponse.

1.   Bénédicte est invitée chez Michel _____.
     a.   samedi soir
     b.   la semaine prochaine
     c.   dimanche soir

2.   Quelle taille fait Bénédicte? _____.
     a.   du quarante-six
     b.   du trente-huit
     c.   du quarante-huit

3. Ses couleurs préférées sont _____.
   a. le jaune, le bleu, le marron, le blanc
   b. le noir, le bleu, le blanc, le rouge
   c. le bleu, le rouge, le vert, le noir

B. Une décision difficile. Regardez attentivement la vidéo une première fois. Puis, regardez-la une deuxième fois pour faire l'activité. Pourquoi Bénédicte refuse-t-elle les vêtements suivants?

1. _____ la robe à fleurs
2. _____ la deuxième robe
3. _____ la robe rose
4. _____ le chemisier rouge
5. _____ la robe noire
6. _____ le chemisier noir

a. trop chère
b. trop habillé
c. pas très mode
d. trop BCBG
e. un peu triste
f. fait plus vieux que l'autre

(Les réponses se trouvent en appendice.)

C. Au magasin. Écrivez un court dialogue entre un(e) client(e) et le vendeur (la vendeuse). Le/La client(e) cherche un cadeau (*gift*) pour sa petite amie (son petit ami) (*girlfriend/boyfriend*).

_____

_____

_____

_____

_____

_____

_____

Pot-pourri culturel

Les grands magasins: En France, les grands magasins les plus connus sont les Galeries Lafayette, le Printemps et la Samaritaine. Les Français aiment bien fréquenter les petites boutiques de leur quartier ou de leur ville. Ils achètent aussi de plus en plus (*more and more*) leurs vêtements par catalogue (la Redoute et les Trois Suisses, par exemple).

Le contact physique: Il y a beaucoup plus de contact physique entre les personnes en France qu'aux États-Unis. On se fait la bise (*kiss on the cheeks*) et on se prend par le bras (*walk arm in arm*). Toute manifestation d'amitié ou d'affection est considérée normale et est généralement acceptée en public. Quand les gens se parlent, ils sont plus proches (*closer*) l'un de l'autre qu'en Amérique du Nord.

Regardez la vidéo une dernière fois en faisant particulièrement attention aux détails mentionnés ici.

CHAPITRE TROIS

Le logement

Étude de vocabulaire

A. **Un nouveau décor.** You are listening to someone describe the decoration of her room. Sketch the items she mentions in their proper place.

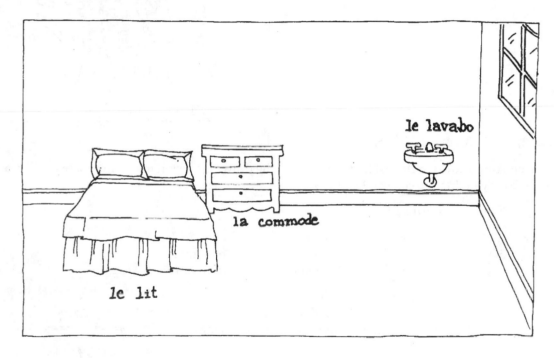

1. ...   2. ...   3. ...   4. ...   5. ...   6. ...

(Les réponses se trouvent en appendice.)

In your opinion, what is still missing from this room? Write your answer here in French.

Dans cette chambre, il n'y a pas de...

_____

_____

_____

B. L'aspect physique. Here are three students. Listen to the questions about them, and give answers based on the drawing.

MODÈLE: Qui a les cheveux blonds? →
Caroline a les cheveux blonds.

1. ...   2. ...   3. ...   4. ...   5. ...

C. Fêtes en Amérique. Quelle est la date? Look at the drawings, listen to the comments, and react to each error by giving the correct date.

Expressions utiles:

janvier	avril	juillet	octobre
février	mai	août	novembre
mars	juin	septembre	décembre

MODÈLE: Attention! On te joue un tour!
—Nous sommes en juin, n'est-ce pas? →
Non, nous sommes en avril! C'est le premier avril.

Remember: Listen for clues about the date. Don't attempt to grasp every word speakers say.

1.    2.    3.

4.   5.   6.

D. Comment es-tu? You have been asked to describe yourself. Listen to the following questions and answer them, after listening to the responses of two other students.

1. ...   2. ...   3. ...   4. ...   5. ...

Voix francophones

A. Fiche (*Card*) **d'identité.** Create a description of yourself to pass along to a potential roommate. Fill out this form in French. Then, listen to the interview that follows, which provides similar information. 🛑

Profession/Études:

Aime/N'aime pas (matières) _____

Travail récent _____

Projets d'avenir (*future*) _____

Description:

Âge/Date de naissance _____

Taille _____

Cheveux _____

Yeux _____

Tempérament _____

Distractions favorites:

_____

_____

_____

B. Interview avec un jeune acteur. Listen to the following interview while looking at the statements below, and choose the correct response. Then listen again, while filling out the form below with information you've gathered about Jacky Dutour.

Encerclez la réponse correcte.

1. Jacky Dutour <u>aime</u> / <u>n'aime pas</u> tourner (*to make*) des films.

2. Le dernier (*last*) film qu'il a fait s'appelle «<u>Nouveau-né en Afrique</u>» / «<u>Une année en Amérique</u>».

3. Dans ce film, il joue le rôle d'<u>un criminel innocent</u> / <u>d'un adolescent</u>.

(Les réponses se trouvent en appendice.)

Profession/Études:

Aime/N'aime pas (matières) _____

Travail récent _____

Projets d'avenir (*future*) _____ tourner un autre film _____

Description:

Âge/Date de naissance _____ 1983 _____

Taille _____

Cheveux _____

Yeux _____

Tempérament _____ calme, ambitieux _____

Distractions favorites:

_____

_____

_____

(Les réponses se trouvent en appendice.)

Étude de grammaire

9. Verbs Ending in -ir

EXPRESSING ACTIONS

A. **Une vie nouvelle.** Arthur and Mireille are looking for new jobs. Listen to Mireille and write in the missing verbs. You will hear her statements twice. 🔊

En ce moment, Arthur et moi, nous _____¹ de nouveaux postes. Nous

_____² beaucoup aux choix possibles. Chez nous, on est raisonnable,

on n' _____³ pas avec précipitation. Mais point de vue travail, nous

_____⁴ assez le risque et les voyages. Nous ne voulons (*want*) pas

_____⁵ par trouver une situation médiocre. Ce n'est pas comme ça

qu'on _____⁶ sa vie. Nous, nous _____⁷ une

vie moins tranquille. C'est pourquoi, en mars, nous partons pour le Sénégal...

(Les réponses se trouvent en appendice.)

B. **La décision d'Arthur et de Mireille.** Now listen to the following questions and answer them for Arthur.

1. ...   2. ...   3. ...   4. ...

10. The Verb *avoir*

EXPRESSING POSSESSION AND SENSATIONS

A. **Une vie satisfaisante.** Marie-Claude is describing her life to an old friend. Look at the list below. 🛑 Then, as you listen, check off the items that she says are part of her life. 🔊

_____ un petit studio   _____ un micro-ordinateur (*computer*)

_____ une villa magnifique à Monaco   _____ de bons amis

_____ une camarade de chambre   _____ des cours intéressants

_____ un canapé confortable   _____ des cours d'art

_____ un magnétoscope (*VCR*)   _____ des profs intelligents

(Les réponses se trouvent en appendice.)

B. En période d'examens. Listen to the following descriptions while you look at the drawings. Then ask Charles an appropriate question, using an expression with **avoir.**

> Don't try to grasp every word of the descriptions; listen for the gist.

MODÈLE: Charles travaille très tard le soir pour préparer son examen. Que demandez-vous à Charles? → Tu as sommeil?

1.

2.

3.

4.

5.

6.

C. Réactions logiques. Give your reactions to the situations you hear described.

Expressions utiles: j'ai besoin d'étudier, j'ai de la chance, j'ai faim, j'ai froid, j'ai honte, j'ai raison, j'ai sommeil

MODÈLE: Vous étudiez beaucoup et vous êtes fatigué(e). → J'ai sommeil!

1. ... 2. ... 3. ... 4. ... 5. ... 6. ...

11. Indefinite Articles in Negative Sentences

EXPRESSING THE ABSENCE OF SOMETHING

A. Un crime: le locataire (*tenant*) **sous le lit.** M. Lemont, a police inspector, is interrogating the apartment manager, Mme Hareng. Answer the questions for her. 🛑

> Look over this sketch before doing the exercise.

> MODÈLE: Il y a des visiteurs dans la chambre? → Non, il n'y a pas de visiteurs.

1. ...   2. ...   3. ...   4. ...   5. ...   6. ...   7. ...

B. L'inspecteur continue son enquête (*investigation*). Mme Hareng has decided not to cooperate and systematically says no to each question. Answer the questions for her.

> MODÈLE: Vous avez un chien dans l'immeuble? → Non, je n'ai pas de chien.

1. ...   2. ...   3. ...   4. ...   5. ...

12. Interrogative Expressions

GETTING INFORMATION

A. **Une demande de logement.** Yvette Delorme has written a letter to Mme Gérard to rent a room. Listen to her letter once. Then, as you hear individual lines from her letter, write a question that would call for such an answer. 🔊📻🛑

MODÈLE: Je m'appelle Yvette Delorme. → Comment vous appelez-vous?

> Use the expressions **comment, (d')où, qu'est-ce que (que), de quoi, combien de,** and **quand.**

1. _____

2. _____

3. _____

4. _____

5. _____

6. _____

7. _____

(Les réponses se trouvent en appendice.)

B. **Vous ne savez pas...** (*You don't know...*) You are trying to find out more about a new acquaintance. Listen to each situation, then ask an appropriate question with **comment, où, d'où, pourquoi, qui, quel,** or **quand.**

MODÈLE: Vous ne savez pas le nom de la nouvelle étudiante. Que demandez-vous? →
Comment t'appelles-tu?

1. ...   2. ...   3. ...   4. ...   5. ...   6. ...

C. **Au Forum à Paris.** It's hard to hear your friends over the noise at the Forum shopping mall. Listen to their remarks and respond with a question. Use **qu'est-ce que, qui est-ce que,** or **à qui est-ce que.**

MODÈLE: Je cherche un maillot de bain. → Qu'est-ce que tu cherches?

1. ...   2. ...   3. ...   4. ...   5. ...

D. **Une rencontre.** A French student you've met at school needs some information. Listen to her questions, and answer based on what you know about your own campus.

MODÈLE: Pardon, je n'arrive pas à trouver le restau-u. →
Le restau-u? Il est à côté de la librairie.

> Use prepositions in your answer: **à côté de, devant, derrière,** etc.

1. ...   2. ...   3. ...   4. ...   5. ...

Étude de prononciation

Glide

Vowel sounds in English are usually pronounced as diphthongs. In the word "bay," for example, the sound -*ay* is a diphthong or glide. Can you hear the two linked vowel sounds in the English words *play* and *say*? In French, there are no diphthongs. Each French vowel is pronounced with a single sound: **plaît, c'est.**

A. Répétez les mots anglais et français.

café	café	*bow*	beau
play	plaît	*parole*	parole
say	sais	*rose*	rose
tray	très	*table*	table
aye	est	*sage*	sage

B. Répétez les expressions suivantes. Évitez (*Avoid*) la diphtongaison.

· il y a du pâté · sa grave rage · il joue un rôle
· au buffet du café · c'est une question d'âge · au bureau de l'hôtel

C. **Dictée.** Charles is writing to someone he has not yet met. Listen to his description of himself. Then listen again, and complete the letter in writing.

Chère Viviane,

_____[1] Charles Duclot. _____[2]. Je fais des

études de _____[3] et de _____[4] à l'université

d'Aix-en-Provence. J'_____[5] à Aix, mais _____[6] d'être très

indépendant, parce que je _____[7] une chambre avec une _____[8] kitchenette

chez mes grands-parents. Le studio est confortable, _____[9] juste _____[10] d'une

autre _____[11] et d'un _____[12].

   J'ai un chien—Rocco. Il est petit et _____[13], mais il a un tempérament

formidable. Quand _____[14], il attend (*waits*) devant le frigo.

   J'ai beaucoup de travail, naturellement, le week-end aussi, mais j'adore le cyclisme et le cinéma,

et je _____[15].

Amicalement,
Charles Duclot

(Les réponses se trouvent en appendice.)

Prenez l'écoute!

A. Chambre à louer. Cathy Duriez, a student in Strasbourg, is looking for a room. First, concentrate on the landlord's statements, and check off the items he is offering. Listen again, checking off those that Cathy specifically requests. (STOP) 🔊🏠

> Familiarize yourself with this list before you listen. In the conversation, points are covered in the order listed here.

	LE PROPRIÉTAIRE OFFRE	CATHY VOUDRAIT (*WOULD LIKE*)
un loyer de moins (*less*) de 800F	_____	_____
un jardin (*garden*)	_____	_____
un garage ou un parking	_____	_____
une salle de bains (*bath*) privée	_____	_____
un grand lit	_____	_____
une étagère ou une bibliothèque	_____	_____
des fenêtres qui donnent sur le jardin	_____	_____
du calme	_____	_____
une petite kitchenette	_____	_____
un piano	_____	_____
avoir des visiteurs le week-end	_____	_____

(Les réponses se trouvent en appendice.)

Now stop the recording and answer these questions in writing. (STOP)

Look again at the list you have checked off. In your opinion, does the room suit Cathy?

La chambre (ne) convient (*suits*) (pas) à Cathy parce que...

_____

_____

Et vous, de quoi est-ce que vous avez besoin dans une chambre? Nommez cinq éléments essentiels.

_____

_____

B. **Et vous?** You are looking for a room in Strasbourg and you call the landlord Cathy spoke with. Answer the questions he asks you.

1. ...   2. ...   3. ...   4. ...   5. ...   6. ...   7. ...

C. **Un entretien avec... Christine Tullot.** Christine Tullot is a 31-year-old primary school teacher from Le Moule, Guadeloupe.

Listen to the interviewer's question and Mme Tullot's response. Then answer the true/false questions below.

Vrai ou faux?

1. Mme Tullot habite dans une grande ville guadeloupéenne.   V   F

2. Le Moule est sur la côte atlantique.   V   F

3. La canne à sucre est à la base de l'économie locale.   V   F

4. Mme Tullot loue une maison près de la plage.   V   F

(Les réponses se trouvent en appendice.)

En situation

A. **Pardon...** Listen twice to the following conversation, especially to the questions Karen asks Mireille about their student residence, then do activities B and C.

C'est le premier jour de Karen, une étudiante américaine, à la cité universitaire d'Orléans. Elle pose des questions à Mireille, une étudiante française. Ici, Karen demande des renseignements.°   *information*

KAREN: Pardon, où est le téléphone, s'il te plaît?
MIREILLE: Dans le foyer.
KAREN: Mmm... qu'est-ce que c'est, le foyer?
MIREILLE: Eh bien, c'est la salle, en bas, où il y une télé,
           une table de ping-pong, un distributeur° de   *machine*
           café et de Coca...
KAREN: Dis-moi, comment est le restaurant universitaire?
MIREILLE: Ça, je ne sais pas. Moi aussi, je suis nouvelle ici.
           On déjeune ensemble°?   *à deux*
KAREN: Bonne idée! J'ai très faim!

B. **Qu'est-ce qu'on dit... pour demander des renseignements?** Karen has just moved into a student residence in France. Listen to her remarks while looking at this list. Find and ask the question that corresponds to each of her comments.

Qu'est-ce que c'est, le foyer?   Où est la cafétéria, s'il te plaît?
Où est le téléphone, s'il te plaît?   Comment est le restaurant universitaire?
Quand dîne-t-on au restau-u?

MODÈLE: Je n'arrive pas à trouver un téléphone. → Où est le téléphone, s'il te plaît?

1. ...   2. ...   3. ...   4. ...

C. Impromptu. Listen carefully to the following short exchange based on the **En situation** dialogue. Then, listen a second time and jot down the expressions missing from the transcript below.

KAREN: Pardon, _____[1] le foyer? _____[2]

téléphoner.

JEAN-LUC: Ici, _____[3] téléphone dans le foyer. _____[4]

à la réception.

KAREN: Merci. _____[5] le coup de téléphone (*phone call*)?

JEAN-LUC: Attention! _____[6] télécarte?

KAREN: Non... _____,[7] une télécarte?

JEAN-LUC: _____[8] comme une carte à mémoire (*smart card*),

mais pour le téléphone. Allez, viens! (*Let's go!*) C'est à la poste (*post office*) que

_____[9] une télécarte.

(Les réponses se trouvent en appendice.)

Now, listen to the following statements based on the exchange between Karen and Jean-Luc, and circle **V** for **vrai** or **F** for **faux**.

MODÈLE: Karen cherche la cafétéria; elle a besoin de déjeuner.   **V**   Ⓕ

1. **V   F**

2. **V   F**

3. **V   F**

4. **V   F**

(Les réponses se trouvent en appendice.)

Regardons!

Une étudiante désordonnée

Présentation

In this scene, Bénédicte visits her friend Caroline, who lives in a dormitory on campus. The two are supposed to work on a presentation for one of their courses, but Caroline is a bit disorganized. Can Caroline find everything she needs to get started on the project?

Vocabulaire utile

Coucou!	*familiar way to catch someone's attention (expression often used by children)*
Salut!	Hi!
notre exposé	our presentation
la note finale	final grade
le cahier	notebook
la jupe	skirt
en cité-u	in the dormitory
le blouson	jacket
Zut!	Shoot!
la poche	pocket
bonne (*f.*) **en langues**	good at languages
tu es nulle (*f.*)	you are bad, worthless
le désordre	messiness
un signe de génie	a sign of genius

Activités

A. **La vie d'étudiante.** Indiquez si les phrases suivantes sont vraies (**V**) ou fausses (**F**), selon la scène.

1. Bénédicte et Caroline travaillent sur un exposé d'espagnol. **V** **F**

2. Caroline a une nouvelle jupe. **V** **F**

3. C'est facile d'habiter en cité-u. **V** **F**

4. Caroline a une cassette dans la poche. **V** **F**

5. Le désordre, c'est un signe de stupidité. **V** **F**

B. **Quel désordre!** Choisissez la bonne réponse.

1. Bénédicte arrive chez Caroline à _____.
   a. midi
   b. trois heures
   c. quatre heures et demie

2. Les livres et le dictionnaire sont _____.
   a. sur le bureau
   b. sous la chaise
   c. à côté de la lampe

3. Le cahier se trouve _____.
   a. dans le sac
   b. dans l'armoire
   c. sous le blouson

4. Le stylo se trouve _____.
   a. à côté de la lampe
   b. dans la poche
   c. derrière le livre

(Les réponses se trouvent en appendice.)

C. **À vous!** Décrivez votre chambre. Elle est de quelle taille (*size*)? Quels meubles avez-vous? Est-ce que votre chambre est normalement en ordre ou en désordre? Nommez les choses dans votre chambre qui vous aident (*help you*) à étudier.

_____

_____

_____

_____

_____

_____

Pot-pourri culturel

Les abréviations: Les étudiants français utilisent beaucoup d'abréviations pour parler de leur vie à l'université. Voici quelques abréviations courantes:

la cité universitaire	la cité-u
le cinéma	le ciné
le dictionnaire	le dico
la faculté	la fac
le restaurant universitaire	le restau-u

Donnez encore une fois les abréviations pour les matières suivantes: la géographie, le laboratoire, les mathématiques, la philosophie, les sciences politiques et la sociologie.

CHAPITRE QUATRE

Famille et foyer

Étude de vocabulaire

A. Chez les Dubois. Regardez la maison et les membres de la famille. 🛑 Écoutez chaque phrase; indiquez si elle est vraie (**V**) ou fausse (**F**).*

Voici M. et Mme Dubois, leur fils Jean-Louis, leur fille Micheline et M. et Mme Carnot, les parents de Mme Dubois.

Vrai ou faux?

1. **V F**	3. **V F**	5. **V F**	7. **V F**
2. **V F**	4. **V F**	6. **V F**	8. **V F**

(Les réponses se trouvent en appendice.)

_____
*Starting in this chapter, directions are given in French.

B. Le décor chez les Dubois. Regardez l'image à la page précédente et répondez aux questions.

> MODÈLE: Où se trouve (*is*) le canapé? → Dans la salle de séjour.

1. ...   2. ...   3. ...   4. ...   5. ...   6. ...

C. Et vous? Un décorateur (*interior designer*) parle avec ses nouveaux clients. Écoutez deux réponses, et répondez vous-même à la question.

1. ...   2. ...   3. ...   4. ...

Voix francophones

A. Notre arbre généalogique. Écoutez Georges Monnier et regardez son arbre généalogique. Écrivez le prénom des membres de sa famille.

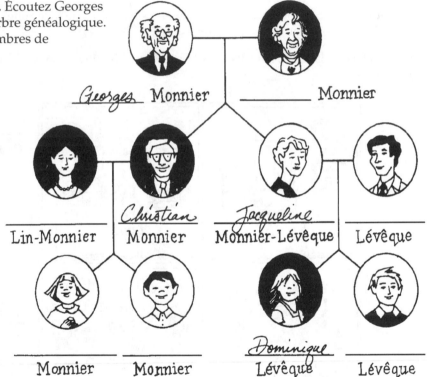

Georges Monnier _____ Monnier

Lin-Monnier *Christian* Monnier *Jacqueline* Monnier-Lévêque Lévêque

Monnier Monnier *Dominique* Lévêque Lévêque

(Les réponses se trouvent en appendice.)

**B. Regardez la position de la petite Dominique Lévêque sur l'arbre généalogique, puis répondez aux questions suivantes. Qui sont les personnes par rapport à (*in relation to*) Dominique?

1. C'est: (sa mère)/ sa sœur / sa tante.

2. C'est: sa mère / sa sœur / sa tante.

3. C'est: son grand-père / son oncle / son frère.

4. C'est: son grand-père / son oncle / son frère.

5. Ce sont: ses parents / ses grands-parents / ses cousins.

6. Ce sont: ses sœurs / ses cousins / ses cousines.

(Les réponses se trouvent en appendice.)

Étude de grammaire

13. Possessive Adjectives

EXPRESSING POSSESSION

A.   Qui arrive aujourd'hui? Réagissez aux remarques de Sylvie en suivant le modèle.

     MODÈLE: Sylvie: Voici la mère de mon père. → Vous: Ah! C'est ta grand-mère, alors.

1. ...   2. ...   3. ...   4. ...   5. ...

B.   Deux cousins. Cet après-midi, Luc et Sophie jouent chez leur grand-mère. Regardez le dessin et répondez aux questions.

     MODÈLE: C'est la cravate de Luc? → Non, ce n'est pas sa cravate.

1. ...   2. ...   3. ...   4. ...   5. ...

14. The Verb *aller*

TALKING ABOUT PLANS AND DESTINATIONS

A. Comment vas-tu? Sylvie parle avec Marc, son cousin. Donnez les réponses de Sylvie, selon le modèle.

> MODÈLE: Salut, Sylvie! Comment vas-tu? → Je vais bien, merci.

1. ...   2. ...   3. ...   4. ...   5. ...

B. Où va-t-on? Écoutez chaque remarque en regardant le dessin correspondant. Ensuite, répondez à la question.

> MODÈLE: Gérard passe le samedi soir à regarder un bon film.
> —Où va-t-il, alors? → Il va au cinéma.

1.

2.

3.

4.

5.

C. Qu'allez-vous faire? Dans chaque cas, répondez à la première question avec **aller** + infinitif, et donnez une réponse personnelle à la deuxième question.

> Answer both questions; the personal question doesn't have a suggested answer. Answer *yes* or *no*.

> MODÈLES: Aujourd'hui, Martine travaille. —Et demain? → Demain, elle va aussi travailler.
>
> Et vous, vous allez travailler demain? → Non, demain, je ne vais pas travailler.

1. ...   2. ...   3. ...   4. ...

15. The Verb *faire*

EXPRESSING DOING OR MAKING

A. Qu'est-ce qu'ils font? Regardez les dessins 🛑 et répondez aux questions.

MODÈLE: Qui fait un voyage? → C'est Marie-Rose.

1. ...   2. ...   3. ...   4. ...   5. ...   6. ...   7. ...

B. Observation. Regardez encore une fois les dessins ci-dessus (*above*); 🛑 répondez à chaque question avec une phrase complète.

MODÈLE: Est-ce que M. Delatour fait le ménage? → Non, il fait une promenade.

1. ...   2. ...   3. ...   4. ...

C. Obligations. Qu'est-ce que vous avez besoin de faire? Écoutez la situation, et répondez à la question. 🎧

Expressions utiles: étudier, faire du sport, faire la cuisine, faire le ménage, faire la vaisselle

1. ...   2. ...   3. ...   4. ...

16. Verbs Ending in *-re*

EXPRESSING ACTIONS

A. **Une visite.** Écoutez l'histoire de François en regardant les dessins. Mettez les dessins dans l'ordre chronologique selon l'histoire.

> Number the drawings as you listen to the story.

_____   _____   _____   _____

(Les réponses se trouvent en appendice.)

B. **François et Carine.** Écoutez chaque question et complétez la réponse par écrit (*in writing*). Basez vos réponses sur les dessins ci-dessus.

> MODÈLE: Sur le dessin numéro 1, qu'est-ce que François attend? →
>
> _____ **Il attend** _____ un coup de téléphone.

1. _____ le téléphone.

2. Oui, _____ au téléphone.

3. _____ des fleurs.

4. _____ rue Meursault.

5. _____ à Carine.

6. Non, _____ leur temps.

(Les réponses se trouvent en appendice.)

Étude de prononciation

Stress

The term *stress* (**l'accent** in French) refers to the length of an individual spoken syllable and the emphasis put on that syllable in a given word. Stress on certain syllables is a feature of English words (for example, *i-ma-gi-nar-y*); in French, syllables are stressed evenly (as in *i-ma-gi-naire*). There is a very slight stress on the final syllable of a French word or phrase.

A. Écoutez les mots anglais. Écoutez et répétez les expressions françaises. Attention à la valeur égale des syllabes en français.

> *realistic* (re-a-lis'-tic)   réaliste: un tableau réaliste
> *intelligent* (in-tel'-li-gent)   intelligent: un ingénieur intelligent
> *grammar* (gram'-mar)   grammaire: la grammaire française
> *exaggeration* (ex-ag-ger-a'-tion)   exagération: une tendance à l'exagération
> *professor* (pro-fes'-sor)   professeur: un professeur d'anglais

B. Répétez les phrases suivantes. N'insistez pas sur les syllabes françaises. Notez aussi l'intonation des questions.

- Tu es libre dimanche?
- Oui, pourquoi?
- Tu veux venir avec nous?
- Avec plaisir! Qu'est-ce que je peux apporter?
- Des fruits ou du chocolat...
- Oui, d'accord.

C. **Dictée.** Écoutez la description de l'appartement de Joëlle à Paris. Ensuite, écoutez une deuxième fois, et complétez le passage par écrit.

C'est un deux pièces avec _____[1], _____[2]

qui sert aussi de (*is also used as a*) chambre, _____[3] qui

_____[4] la salle de séjour, _____[5] et des

W.C. (*toilet*) séparés. _____[6] moderne et très clair avec des portes-fenêtres qui

donnent sur _____[7] et _____[8] de la moquette (*carpet*)

_____[9] principales et dans _____[10]

(Les réponses se trouvent en appendice.)

Prenez l'écoute!

A. Yannick Montaron. Voici une conversation avec Yannick Montaron, qui fait ses études dans une université française. Écoutez la conversation. 🎧 Ensuite, répondez aux questions.

> As you listen, feel free to jot down notes on Yannick's answers. A true-false exercise follows.

Portrait de Yannick. Vrai ou faux? Lisez chaque phrase et décidez si elle est vraie (**V**) ou fausse (**F**). Basez-vous sur la conversation. 🛑

Vrai ou faux?

1.	Yannick étudie à la Sorbonne.	**V**	**F**
2.	Il habite avec sa famille parce que c'est moins cher.	**V**	**F**
3.	Il étudie le marketing.	**V**	**F**
4.	Plus tard, Yannick pense travailler uniquement en France.	**V**	**F**
5.	Yannick n'a pas beaucoup d'amis.	**V**	**F**
6.	Pendant l'année scolaire, Yannick passe souvent le week-end à faire ses devoirs.	**V**	**F**

(Les réponses se trouvent en appendice.)

B. **Projets de vacances.** Dans cette lettre, Jennifer—qui étudie à Montpellier—invite une amie québécoise à venir passer ses vacances avec elle en France. Écoutez la lettre et encerclez la réponse correcte ci-dessous (*below*).

1. Les amies vont faire le voyage _____.

   a. à Noël

   b. à Pâques

2. Elles vont skier _____.

   a. dans les Vosges

   b. dans les Alpes

3. Jennifer est invitée _____.

   a. par les parents de Barbara

   b. par la famille de Yannick

4. Tout le monde va rester _____.

   a. dans des appartements à Megève

   b. dans un petit chalet

5. Ils ont l'intention _____.

   a. de skier, uniquement

   b. de skier et de faire du tourisme

(Les réponses se trouvent en appendice.)

C. **Un entretien avec... Sabine Jaubert.** Sabine Jaubert a 27 ans. Elle est professeur d'anglais à Genève, en Suisse.

Écoutez la question de l'interviewer et la réponse de Sabine. Puis, faites l'activité qui suit.

Vrai ou faux?

1. Le frère de Sabine est plus âgé qu'elle.   **V**   **F**

2. Sabine a un petit neveu de quatre mois.   **V**   **F**

3. La mère de Sabine travaille dans une société d'informatique.   **V**   **F**

4. La famille de Sabine se réunit tous les dimanches.   **V**   **F**

(Les réponses se trouvent en appendice.)

En situation

A. **Invitation.** Écoutez deux fois la conversation suivante, surtout (*especially*) l'invitation de Yannick et la réponse de son amie. Puis, faites les activités B et C.

Jennifer et son ami Yannick font des études de marketing à l'université de Montpellier. Yannick et sa famille invitent souvent Jennifer pour le week-end. Ici, Jennifer accepte une invitation.

YANNICK: Jennifer, tu es libre° dimanche?   *free*
JENNIFER: Oui, pourquoi?
YANNICK: Eh bien, nous allons pique-niquer en famille. Tu veux venir avec nous?
JENNIFER: Oh, oui, avec plaisir! Qu'est-ce que je peux apporter°?   *to bring*
YANNICK: Je ne sais pas, des fruits ou du chocolat... Ah, et n'oublie° pas ton frisbee!   *forget*
JENNIFER: Oui, d'accord. Ça va être sympa!

B. **Qu'est-ce qu'on dit... pour accepter une invitation?** Vos amis vous invitent. Acceptez chaque invitation en utilisant des expressions comme: **Mais oui, avec plaisir!, Ça va être sympa!, Oui, d'accord., Comme c'est gentil!,** etc.

MODÈLE: Tu dînes chez nous ce soir? → Mais oui, avec plaisir!

1. ...   2. ...   3. ...   4. ...

C. **Impromptu.** Écoutez attentivement l'échange suivant basé sur le dialogue d'**En situation.**
Puis, écoutez une deuxième fois et écrivez les expressions qui manquent (*are missing*).

JENNIFER: Yannick, _____¹ samedi matin?

YANNICK: _____,² je pense. _____³?

JENNIFER: _____.⁴ Tu veux

venir _____⁵?

YANNICK: _____.⁶ C'est _____⁷ idée.

À quelle heure?

JENNIFER: Voyons... à _____⁸ heures, _____⁹?

YANNICK: D'accord, et ensuite _____,¹⁰ _____¹¹?

(Les réponses se trouvent en appendice.)

Maintenant, écoutez une troisième fois les propos de Jennifer et répondez à la place de Yannick.

1. ...   2. ...   3. ...

Regardons!

L'anniversaire

Présentation

Michel has invited Paul and Caroline to celebrate his birthday with his family. Caroline gets a chance to talk with Michel's grandmother. Notice how introductions are made.

Vocabulaire utile

gentil	nice
la fac (*fam.,* **la faculté**)	university
heureux de vous revoir	happy to see you again
le prof (*fam.,* **le professeur**)	professor
la cité-u (*fam.,* **la cité universitaire**)	dorm, student housing
le bonheur	happiness
Que la vie entière...	May your whole life . . .
...que l'an fini nous soyons tous réunis	. . . may we all be reunited in another year

Activités

A. La fête d'anniversaire. Qui célèbre l'anniversaire de Michel? Répondez par «oui» ou «non».

1. _____ le grand-père
2. _____ la grand-mère
3. _____ le père
4. _____ le frère
5. _____ la nièce
6. _____ l'oncle
7. _____ la mère

B. La discussion. Indiquez si les phrases suivantes sont vraies (**V**) ou fausses (**F**).

1. Caroline aime beaucoup la fac, les profs et les copains.   **V**   **F**
2. Les parents de Caroline habitent dans le Périgord.   **V**   **F**
3. Caroline habite avec une amie dans un appartement.   **V**   **F**
4. La grand-mère de Michel habite à Lyon.   **V**   **F**
5. Normalement, la grand-mère ne célèbre pas les anniversaires en famille.   **V**   **F**

(Les réponses se trouvent en appendice.)

C. À vous! Faites la description physique et décrivez les vêtements de trois ou quatre personnes à l'anniversaire.

_____

_____

_____

_____

_____

_____

Pot-pourri culturel

La chanson d'anniversaire: Voici le texte de cette chanson: «Bon anniversaire, nos vœux (*wishes*) les plus sincères, que ce beau gâteau (*cake*) vous apporte le bonheur! Que la vie entière vous soit (*is*) douce et légère, et que l'an fini, nous soyons (*are*) tous réunis pour chanter en chœur: bon anniversaire!»

Les anniversaires: En France, toutes les occasions sont bonnes pour se retrouver en famille. On aime célébrer les anniversaires et toutes les fêtes (comme Pâques et Noël), et passer les grandes vacances en famille.

***Vous* et *tu*:** Les Français sont beaucoup plus formels que les Américains. On vouvoie (on utilise le «vous»), on serre la main et on dit «Madame», «Monsieur» aux personnes plus âgées et aux gens qu'on rencontre ou qu'on ne connaît pas très bien. On tutoie (on utilise le «tu»), on fait la bise (*kisses on the cheeks*) et on appelle par leur prénom les membres de la famille, les amis, les enfants et les gens qu'on connaît bien. En général, à l'université, les étudiants se tutoient.

Regardez la vidéo une dernière fois en faisant particulièrement attention aux détails mentionnés ici.

CHAPITRE CINQ

À table

Étude de vocabulaire

A. **Quel aliment ne va pas?** Écoutez le speaker, et encerclez la lettre correspondant à l'aliment qui *ne* va *pas* avec les autres.

> MODÈLE: Vous choisissez des fruits.
> (a.) les croissants   b. les pommes   c. les bananes

1. a b c   3. a b c   5. a b c

2. a b c   4. a b c

(Les réponses se trouvent en appendice.)

B. **Qu'est-ce qui n'est pas sur la table?** Regardez les dessins, écoutez la description et complétez la description.

> MODÈLE: C'est le petit déjeuner. Voici le
> pain, mais il n'y a pas de.... ›
> Il n'y a pas de beurre.

> Tell what's missing in each case.

1.

2.

3.

4.

5.

C. Au marché. Un ami américain va faire le marché, mais il a des difficultés de vocabulaire. Aidez-le (*Help him*) en donnant le nom français.

1. ... 2. ... 3. ... 4. ... 5. ...

D. À table. Écoutez la question et répondez avec une expression de la liste suivante.

EXPRESSIONS UTILES:

avec un couteau	dans une bouteille	sur une assiette
avec une fourchette	dans une tasse	
avec une cuillère	dans un verre	

MODÈLE: Avec quoi est-ce qu'on coupe (*cut*) une tarte? → Avec un couteau.

1. ... 2. ... 3. ... 4. ... 5. ...

E. La journée de Déborah. Regardez les images et écoutez les descriptions. Quelle heure est-il?

> Guess a likely time of day for these activities. Answers will vary.

MODÈLE: Bonjour! Pauvre Déborah est encore fatiguée... →
Il est six heures et demie.

F. **Quelle heure est-il?** Écoutez la situation et l'heure. Indiquez au crayon l'heure correcte.

MODÈLE: Je prends l'apéritif. Quelle heure est-il?
—Il est six heures et demie.

1.   2.   3.

4.   5.   6.

(Les réponses se trouvent en appendice.)

G. **À New York.** Écoutez la description, et donnez le nom de la saison.

MODÈLE: Il fait chaud. Le ciel est clair. Beaucoup de gens sont dans les rues le soir. →
Nous sommes en été.

1. ...   2. ...   3. ...   4. ...   5. ...

Voix francophones

Une nouvelle brasserie (*restaurant-bar*)**.** Vous entendez à la radio la critique gastronomique d'un nouveau restaurant. Écoutez l'annonceur. Marquez les éléments correspondants.

- Prix (*Prices*): _____ raisonnables? _____ assez chers?

- Entrée recommandée: _____ escargots de Bourgogne? _____ haricots au beurre?

- Plat principal recommandé: _____ poulet aux haricots? _____ veau (*veal*) à la crème?

- Plat inférieur: _____ le dessert? _____ la salade?

- Pourquoi? _____ La salade n'est pas fraîche? _____ La sauce vinaigrette n'a pas de goût?

(Les réponses se trouvent en appendice.)

Étude de grammaire

17. The Verbs *prendre* and *boire*

TALKING ABOUT FOOD AND DRINK

A. **Chez Madeleine.** Thérèse et Jean-Michel dînent au restaurant. Regardez le menu à prix fixe. 🛑

Écoutez la conversation. Marquez les aliments que Thérèse ne prend jamais (*never has*).

_____ le poisson   _____ les pommes de terre   _____ le vin

_____ le pâté   _____ les fraises   _____ l'eau minérale

_____ le fromage   _____ le chocolat

(Les réponses se trouvent en appendice.)

Le repas de Thérèse. Regardez le menu. Écoutez les questions, et donnez les réponses de Thérèse.

> Answer for Thérèse, using what you know
> about her eating habits.

MODÈLES: Bonsoir, Mademoiselle. Vous buvez du vin ce soir? →
          Non, merci. Je prends une eau minérale.

          Comme hors-d'œuvre, vous prenez les œufs mayonnaise ou les sardines à l'huile? →
          Je prends des œufs, s'il vous plaît.

  1. ...   2. ...   3. ...   4. ...

B. **À table.** Léon est au café-restaurant Chez Madeleine. Regardez encore une fois le menu ci-dessus. ⊗ Écoutez la serveuse et donnez les réponses de Léon.

> You may use your own preferences when answering.

> MODÈLE: Bonsoir, Monsieur. Vous buvez du vin ou de l'eau minérale ce soir? →
> Je bois de l'eau minérale, s'il vous plaît.

1. ... 2. ... 3. ... 4. ... 5. ...

C. **Études de viticulture** (*winemaking*). Écoutez la description des activités de Jeannette, et complétez ces phrases selon l'histoire. 🔊

1. Jeannette fait des études _____.

   _____ de viticulture

   _____ d'agriculture

2. À l'école, elle apprend _____.

   _____ à faire la cuisine

   _____ à faire du vin

3. Aujourd'hui, elle goûte (*is tasting*) _____.

   _____ un vin de Bourgogne

   _____ un vin de Bordeaux

4. Jeannette prend son temps? Oui, parce qu'elle _____.

   _____ a envie d'apprécier la qualité du vin

   _____ n'a pas beaucoup de travail

5. Elle décide _____.

   _____ que le vin est trop sucré

   _____ que le vin est trop jeune

6. Alors, elle va boire _____.

   _____ un autre vin rosé

   _____ un petit vin blanc

   _____ de l'eau

(Les réponses se trouvent en appendice.)

Maintenant, écoutez les questions et répondez, en vous basant sur la description de Jeannette.

> MODÈLE: Que fait Jeannette? → Elle fait des études de viticulture.

1. ... 2. ... 3. ... 4. ... 5. ...

18. Partitive Articles

EXPRESSING QUANTITY

A.   Claude fait le marché. Écoutez la recommandation des marchands, et donnez les réponses de Claude. Suivez les modèles.

> MODÈLES: Le vin rouge est excellent. → Bon, alors, du vin rouge, s'il vous plaît.
>
> Les fraises sont très bonnes. → Bon, alors, des fraises, s'il vous plaît.

1. ...   2. ...   3. ...   4. ...   5. ...   6. ...

B.   Quels sont les ingrédients? Vous êtes gastronome. Donnez une réponse logique aux questions suivantes.

> MODÈLE: (viande / œufs) →
> A: Y a-t-il de la viande dans une salade César?
> B: Non, il n'y a pas de viande, mais il y a des œufs.

1. (olives / chocolat)   4. (poisson / sel)
2. (bananes / tomates)   5. ?
3. (oignons / fraises)

C.   Après le pique-nique. Répondez aux questions en utilisant les suggestions ci-dessous (*below*).

> MODÈLE: Il y a de la bière? (un peu) → Oui, il y a un peu de bière.

1. (beaucoup)   3. (un litre)   5. (trois bouteilles)
2. (un peu)   4. (assez)   6. (trop)

19. The Imperative

GIVING COMMANDS

A. Une bonne recette. Vous écoutez un chef-cuisinier à la radio. D'abord, lisez la recette du chef. (STOP)

SAUCE HOLLANDAISE (formule très simplifiée)

200 g de beurre • 2 œufs • 1 cuil. à café de vinaigre
sel et poivre • 1 citron[a]

- Mettre dans un bol le bon beurre et les jaunes d'œufs crus,[b] du sel, le vinaigre. Mettre ce bol dans l'eau bouillante[c] et tourner sans laisser cuire. 1 jus de citron. Poivre.
- Si la sauce devient trop épaisse,[d] mouiller[e] d'un peu d'eau chaude.
- Cette sauce fait merveille avec le poisson cuit au court-bouillon (Turbot, Barbue, etc.).

---

[a]*lemon* [b]*raw* [c]*boiling* [d]*thick* [e]*moisten*

Maintenant, écoutez le chef expliquer la recette et répétez chaque instruction.

> In each case, change the verb to the **vous** command, ending in **-ez: prenez, ajoutez,** etc.

MODÈLES: Bon, d'abord, je prends deux cents (200) grammes de beurre. →
Prenez deux cents grammes de beurre.

J'ajoute (*add*) deux jaunes d'œufs. › Ajoutez deux jaunes d'œufs.

1. ...   2. ...   3. ...   4. ...   5. ...   6. ...

(STOP) Écrivez ci-dessous le nom d'un ou deux plats qu'on aime manger avec de la sauce hollandaise.

_____

_____

B. Au marché en plein air (*open-air*). Écoutez les suggestions de vos amis et répondez en vous basant sur le modèle.

MODÈLES: On fait le marché cet après-midi? → Oui, faisons le marché!

On va au marché en plein air? → Oui, allons au marché en plein air!

1. ...   2. ...   3. ...   4. ...   5. ...

C. **Problèmes.** Vos amis vous demandent des conseils (*advice*). Écoutez la description de leurs problèmes et répondez en utilisant l'impératif. 🎧📖

Expressions utiles: boire (tant de [*so much; so many*])..., faire (tant de)..., fumer..., manger (tant de)..., travailler (tant [*so much*])...

> Use the **tu** form of the command. The answers given are sample answers.

MODÈLE: Votre camarade mange trop de gâteaux et de glaces. Il ne fait pas assez d'exercice. Il commence à grossir. → Écoute, ne mange pas tant de gâteaux!

1. ...   2. ...   3. ...   4. ...

Étude de prononciation

Leçon d'orthographe°

Spelling Lesson

A. **Révision: l'alphabet.** Répétez les lettres de l'alphabet et les mots correspondants.

a	abricot	h	haricot	o	omelette	u	ustensile
b	baguette	i	italien	p	pain	v	viande
c	carotte	j	jambon	q	quiche	w	whisky
d	dessert	k	kaki	r	raisin	x	xérès
e	escargot	l	lait	s	salade	y	yaourt
f	fondue	m	marron	t	tarte	z	zeste
g	gâteau	n	noisette				

B. Écoutez les prénoms suivants. Épelez et prononcez chaque prénom.

MODÈLE: Anne → A–N–N–E, Anne

1. Jean   3. Estelle   5. Chang
2. Smith   4. Garcia   6. Yves

C. Répétez.

1. café   3. âge
2. très   4. leçon

Épelez et prononcez les mots suivants. Attention aux accents.

MODÈLES: hôtel → H–O accent circonflexe–T–E–L, hôtel

étagère → E accent aigu–T–A–G–E accent grave–R–E, étagère

1. voilà   4. français
2. théâtre   5. zodiaque
3. où

D. Dictée. Écoutez Corinne qui fait la description de certains repas typiques en France. Ensuite, écoutez une deuxième fois et complétez le passage par écrit. 🎧📻

Un repas _____[1] serait (*would be*)

composé d'huîtres crues (*raw oysters*) et de foie gras en entrée, de confit d'oie (*preserved goose*)

et de _____[2], de _____[3],

d'un plateau de _____[4] et d'une part de tarte.

_____[5] est plus léger (*light*) avec une salade composée,

des côtelettes de porc avec des nouilles (*noodles*), du fromage et _____[6].

    Moi, _____[7] la gastronomie, mais _____[8]

attention à ma santé (*health*). Mon repas préféré est composé d'une _____[9] avec

_____[10] et concombre, d'un plat de riz (*rice*) _____[11]

avec _____[12] et un tout petit _____[13] cuisinés

à la chinoise, _____[14].

(Les réponses se trouvent en appendice.)

Prenez l'écoute!

A. Traditions. Jérôme vient de Poitiers en France, et Claire vient d'Abidjan en Côte-d'Ivoire. Chacun (*Each*) va faire la description d'une fête importante de son pays.

    Avant d'écouter, lisez la liste suivante. Devinez (*Guess*) les caractéristiques des deux fêtes. Écrivez **T** pour désigner la fête musulmane (*Muslim*) de la *Tabaski* ou **FN** pour désigner *la fête nationale française.* 🛑

> Before listening, label all the following answers with either **T** or **FN**. This will help you understand Jérôme's and Claire's statements.

Jérôme (France) célèbre _____ ; Claire (Côte-d'Ivoire) célèbre _____.

Date de la fête:

_____ le 14 juillet   _____ le mois de mai ou de juin

Ses origines:

_____ religieuses   _____ séculières (historiques)

Commémore:

_____ prise de la Bastille   _____ début de la Révolution française

_____ sacrifice fait par Abraham dans   _____ retour du pèlerinage à la Mecque
         la Bible   (*Mecca*)

Activités principales:

_____ défilé (*parade*) avec la fanfare (*band*)   _____ sacrifice d'un mouton (*sheep*) par
         du village   famille

_____ grand dîner entre amis où on mange   _____ port des lampions (*paper lanterns*)
         toujours de la viande

_____ bal (*dance*) du village jusqu'à 3h du   _____ feu d'artifice (*fireworks*)
         matin

_____ échanges de vœux (*greetings*) entre   _____ grandes personnes (*adults*) offrent
         voisins bien habillés pour l'occasion   de petits cadeaux (*gifts*) aux enfants

---

(Les réponses se trouvent en appendice.)

Maintenant, écoutez la conversation, et vérifiez les réponses ci-dessus (*above*).

B.   Un entretien avec... Benaisse Hayat. Benaisse Hayat habite à Safi, au Maroc. Elle a 38 ans et travaille comme inspectrice à l'éducation nationale.

Écoutez la question de l'interviewer et la réponse de Mme Hayat. Puis, faites l'activité qui suit.

Vrai ou faux?

1.   Certains Marocains prennent du thé à la menthe le   **V**   **F**
     matin, d'autres prennent du café.
2.   Un petit déjeuner plus copieux comprend des galettes.   **V**   **F**
3.   Le couscous se sert très souvent le dimanche.   **V**   **F**
4.   Au Maroc, le repas du soir est identique au repas de midi. **V**   **F**

(Les réponses se trouvent en appendice.)

En situation

A. **Non, merci.** Écoutez deux fois la conversation suivante, en faisant attention à la manière dont (*in which*) Ken refuse certains plats—avec beaucoup de tact. Puis, faites les activités B et C.

Ken, un étudiant américain, passe un semestre à Nancy, chez une famille
française. Nancy est la ville principale de Lorraine, une région où la
cuisine est très riche. Les habitants sont aussi très hospitaliers. Ici,
Ken apprend les plaisirs et les dangers d'un repas de week-end en famille...

M. GIRARD:	Encore un peu de bière, Ken?	
KEN:	Non, merci.	
MME GIRARD:	Vous allez bien reprendre un peu de quiche,	
	quand même°?	quand... *all the same*
KEN:	Elle est vraiment° délicieuse, mais non, merci.	*truly, really*
MARILYNE:	Tu es au régime?	
KEN:	Non, mais j'ai déjà beaucoup mangé.	
MARILYNE:	Ken, la cuisine, c'est une expérience culturelle.	
MME GIRARD:	Mais oui, Ken, faites un sacrifice culturel et prenez	
	de la tarte aux mirabelles°: c'est ma spécialité!	*plums*
KEN:	Alors, je ne peux pas° refuser.	ne... *can't*

B. **Qu'est-ce qu'on dit... pour refuser un plat?** Vous dînez chez un camarade. Ses parents sont trop généreux... Écoutez leurs propositions et refusez avec tact. (STOP)

> Choose an appropriate response from
> the list that follows.

Non, pas du tout, mais il y a trop de plats délicieux...
Non, merci. Elle est excellente, mais trois morceaux, pour moi, c'est un peu trop.
Non, merci.
Elles sont vraiment délicieuses, mais non, merci.
Non, merci, j'adore la salade, mais je n'ai plus faim.

MODÈLE: Encore un peu de poulet? → Non, merci.

1. ...   2. ...   3. ...   4. ...

C. **Impromptu.** Écoutez attentivement l'échange suivant basé sur le dialogue d'**En situation**. Puis, écoutez une deuxième fois et écrivez les expressions qui manquent.

MME GIRARD: _____[1] choucroute, Ken?

KEN: _____.[2]

MME GIRARD: Mais _____[3] quand même un peu de

_____[4]?

KEN: _____,[5] mais j'ai déjà beaucoup mangé!

MME GIRARD: Et _____:[6] _____[7] aux

mirabelles. Je vous sers?

KEN: _____[8] superbe. Ça, je _____[9] peux

_____[10]!

(Les réponses se trouvent en appendice.)

Maintenant, écoutez une troisième fois les questions de Mme Girard et répondez à la place de Ken.

1. ...   2. ...   3. ...

Regardons!

Au marché

Présentation

Chantal and Pierre are at the market shopping for tonight's dinner party.

Vocabulaire utile

ton panier	your basket
du chèvre	goat cheese
a l'air bien frais	looks really fresh
des truites aux amandes	trout with almonds
des langoustines à la mayonnaise	prawns with mayonnaise
Ce n'est pas assez copieux.	It's not very filling.
du thon frais grillé	fresh, grilled tuna
des soles meunières	sole prepared with a butter sauce

Activités

A. Les courses au marché. Regardez deux fois la vidéo et ensuite faites l'activité suivante. Cochez (✔) les aliments qui sont mentionnés par Chantal ou par Pierre.

1. _____ une sole
2. _____ le fromage
3. _____ le pâté
4. _____ les bananes
5. _____ les poires
6. _____ les haricots blancs
7. _____ le gâteau
8. _____ le thon
9. _____ le camembert
10. _____ les oranges
11. _____ les petits pois
12. _____ les haricots verts

B.   On achète pour la fête. Choisissez la bonne réponse.

1.   Pour leur plateau de fromage, Pierre et Chantal vont avoir _____.
     a.   un camembert, du boursin et du brie
     b.   un port-salut, du gruyère et du roquefort
     c.   un camembert, du chèvre et du roquefort

2.   Pour le dîner, ils vont préparer _____.
     a.   des langoustines à la mayonnaise
     b.   des soles meunières
     c.   du thon frais grillé

3.   Ils achètent _____.
     a.   des fleurs
     b.   de la charcuterie
     c.   des fruits et des légumes

4.   À la fin de la scène, ils doivent encore acheter _____.
     a.   un gâteau et de la glace
     b.   un gâteau et une bouteille de vin
     c.   une bouteille de vin et des chocolats

5.   Ils vont célébrer _____.
     a.   la promotion de leur ami
     b.   l'anniversaire de Chantal
     c.   la naissance de leur neveu

C.   La variété. Au début, la vidéo nous montre les différents étalages (*stands*) du marché. Pouvez-vous nommer quelques-uns des aliments présentés?

_____

_____

_____

_____

_____

_____

_____

_____

_____

Pot-pourri culturel

Les marchés en plein air: En France, on trouve des marchés en plein air dans toutes les villes. La variété des couleurs et des étalages constituent un vrai plaisir pour les yeux. Les Français aiment beaucoup faire leurs courses au marché ou chez les commerçants de leur quartier. Dans un cas comme dans l'autre, il faut toujours laisser au vendeur le plaisir de vous servir.

Le système métrique: Dans la vidéo, Chantal commande «un kilo d'oranges» (un kilogramme = *2.2 lbs.*), «un kilo de poires» et «un kilo de haricots verts». Le système métrique est utilisé dans toute l'Europe.

Les filets à provisions (*Mesh shopping bags*): En France, on utilise encore souvent des filets à provisions ou des paniers pour mettre ses achats. Ils sont pratiques et écologiques.

Regardez la vidéo une dernière fois en faisant particulièrement attention aux details mentionnés ici.

CHAPITRE SIX

On mange bien?

Étude de vocabulaire

A. Dans quel magasin... ? Vous faites des courses dans une petite ville française avec Karen, une Américaine. Répondez à ses questions.

Expressions utiles: la boucherie, la boulangerie, la charcuterie, l'épicerie, la pâtisserie, la poissonnerie...

> MODÈLE: Où est-ce que j'achète des baguettes et des petits pains? → Eh bien, à la boulangerie.

1. ...   2. ...   3. ...   4. ...   5. ...

B. Qui est au restaurant? Écoutez les descriptions et identifiez ces personnes, selon le modèle. C'est **un client, une cliente, un serveur** ou **une serveuse**?

> MODÈLE: Mme Gilles prend sa place à table. Qui est-ce? → C'est une cliente.

1. ...   2. ...   3. ...   4. ...   5. ...   6. ...

C. Messages. Écoutez les messages que vous trouvez sur votre répondeur téléphonique. Notez les numéros à rappeler.

- Claude: _____ – _____ – _____ – **91** – _____
- Ginette: _____ – _____ – **68** – _____ – _____
- Léonard: _____ – _____ – **11** – _____ – _____
- Mireille: _____ – _____ – _____ – _____ – **66**

(Les réponses se trouvent en appendice.)

D. La Maison de Jacques. D'abord, lisez le menu suivant. (STOP)

La Maison de Jacques vous propose...

Le menu à 90 francs*

L'entrée
(choisissez une entrée)

La soupe de légumes
Les moules marinières

Le plat principal
(choisissez un plat)

L'omelette (au choix)
L'hamburger

Le dessert

Les fruits en saison
Les ananas au sirop
La glace — 2 boules
au choix

Vin de maison /
eau minérale /
café /
thé

* Le service de 15% est compris

Le menu à 120 francs*

L'entrée
(choisissez une entrée)

Les escargots (6)
La soupe de légumes
Les moules marinières

Le plat principal
(choisissez un plat)

Le veau à la crème
Le jambon aux choux
Le poulet farci
L'hamburger
L'omelette de maison

Le dessert

Les fruits en saison
Le fromage au choix
La glace — 3 boules
au choix
Le mystère
Le citron / l'orange givré(e)

Vin de maison /
eau minérale /
café /
thé

Vous dînez à la Maison de Jacques avec deux amis. Écoutez la serveuse et les réponses de vos camarades. Ensuite, faites un choix vous-même en vous basant sur le menu.

1. ...   2. ...   3. ...   4. ...   5. ...   6. ...

E. **À Paris.** Jacques et Madeleine discutent des prix chez Fauchon, l'élégant magasin d'alimentation. Écoutez les prix et complétez le tableau suivant.

> Careful! The items that follow are not listed in the order they are discussed.

- le pâté de foie gras: _____ F le kilo
- les truffes noires: _____ F les 100 grammes
- le jambon de Parme: _____ F le kilo

- le camembert: _____ F la pièce
- le vin mousseux de Saumur:

  _____ F la bouteille

(Les réponses se trouvent en appendice.)

F. **Un peu d'histoire européenne.** Encerclez l'année que vous entendez.

- la victoire de Charlemagne contre les Saxons (785) 885
- la fondation de l'université de Paris   1142   1120
- la première croisade (*Crusade*)   1096   1076
- la mort (*death*) de Jeanne d'Arc   1431   1471
- la guerre (*war*) de Sept Ans   1776   1756
- l'exécution de Louis XVI   1793   1796
- l'abdication de Napoléon   1814   1804

(Les réponses se trouvent en appendice.)

G. **Moments historiques.** Écoutez la question. Trouvez la réponse sur la liste des années et prononcez-la (*it*).

1492   1776   1865
1620   1789   1903

1. ...   2. ...   3. ...   4. ...   5. ...   6. ...

Voix francophones

Une recette délicieuse. Vous travaillez au restaurant du Grand Hôtel. Voici une spécialité de votre restaurant: l'omelette soufflée à la Verveine du Velay, une liqueur de la région. Lisez la liste d'ingrédients. (STOP)

LE GRANDE HÔTEL
TENCE (HAUTE-LOIRE)

OMELETTE SOUFFLÉE À LA VERVEINE DU VELAY

La Verveine du Velay est une liqueur de cette région ; elle parfume délicieusement cette omelette aussi légère[a] qu'un soufflé.

Pour 6 personnes:
8 œufs séparés
200 g de sucre en poudre pour les jaunes + 2 cuill. à soupe de sucre en poudre pour les blancs

8 biscuits à la cuiller[b]
1/4 l de Verveine du Velay
4 cuill. à soupe de beurre
1 poêle[c] à omelette

[a]*light*   [b]biscuits... *ladyfingers*   [c]*pan*

A. Les instructions suivantes ne sont pas dans le bon ordre. Écoutez le narrateur et remettez les phrases en ordre (#1 – #5).

> Note that French recipes generally use the infinitive form rather than the imperative to give instructions.

_____ Mélanger (*Mix*) délicatement les deux préparations.

_____ Battre les jaunes d'œufs avec 200 grammes de sucre.

_____ Verser (*Pour*) les deux tiers (2/3) de la liqueur de Verveine sur les biscuits.

_____ Couper en morceaux les biscuits.

_____ Monter (*Whip*) les blancs d'œufs en neige très ferme avec une pincée de sel, en ajoutant 2 cuillerées de sucre.

(Les réponses se trouvent en appendice.)

B. Maintenant, lisez les questions ci-dessous. Ensuite, écoutez le reste des instructions pour trouver les réponses. (STOP)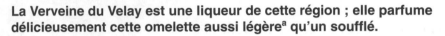

· Quelle est la température du four (*oven*)? —_____ C.

· Quel est le temps de cuisson (*cooking*)? —_____ minutes.

· Quelle sorte de plat utilise-t-on pour servir l'omelette? —Un plat de _____.

· Quel vin est-ce qu'on propose avec l'omelette soufflée? —Un _____.

· À votre avis, ce plat est-il un hors-d'œuvre, une entrée, un plat principal ou un dessert?

  Pourquoi? —C'est un(e) _____, parce qu' _____.

Étude de grammaire

20. Demonstrative Adjectives

POINTING OUT PEOPLE AND THINGS

A. **Un jeune couple québécois.** Écoutez la conversation. Ensuite, complétez les phrases.

Mme Brachet et son fils Marcel font une promenade en ville. Ils parlent des projets de mariage de Marcel et de sa fiancée Jeanne. Mme Brachet pose une question à Marcel.

MME BRACHET: Alors, Marcel, _____ _____[1]... les parents de Jeanne habitent ici?

MARCEL: Oh oui, tout près, maman! Dans _____,[2] justement.

MME BRACHET: Et Jeanne et toi, vous louez un appartement dans _____,[3]

en face?

MARCEL: Oui, maman. Regarde _____[4]

et _____[5] balcon.

(Ils montent au cinquième étage.)

MME BRACHET: Tous ces escaliers... _____,[6]

elles sont minuscules! _____[7]

_____[8] sans rideaux...

MARCEL: Mais voyons, maman, _____[9]

est bien situé, et nous ne sommes pas difficiles!

MME BRACHET: Peut-être...

MARCEL: Et de toute façon, Jeanne et moi, nous avons l'intention de continuer à venir déjeuner chez toi, au moins le dimanche!

(Les réponses se trouvent en appendice.)

B. **Un caractère indépendant.** Vous ne prenez jamais ce qu'on vous offre! Répondez aux questions selon le modèle.

MODÈLE: Tu as envie de ce sandwich? →
Non, donne-moi plutôt cette tarte!

1.

2.

3.

4.

5.

21. The Verbs *vouloir, pouvoir,* and *devoir*

EXPRESSING DESIRE, ABILITY, AND OBLIGATION

A. Indécision. Vous dînez avec Laure, mais vous êtes tous les deux (*both*) très indécis (*indecisive*). Écoutez ses remarques et posez-lui des questions, selon les modèles.

> MODÈLES: On choisit un restaurant? (devoir) → On doit choisir un restaurant?
>
> Je commande du pâté? (ne pas vouloir) → Tu ne veux pas commander de pâté?

1. (devoir)
2. (pouvoir)
3. (vouloir bien)
4. (ne pas pouvoir)
5. (devoir)

B. Probabilités. Écoutez la phrase et donnez une explication. Utilisez le verbe **devoir**.

Expressions utiles: avoir faim, être au régime, être fatigué(e), être formidable, être impatient(e), être malade

> MODÈLE: Marie n'est pas en classe. → Elle doit être malade.

1. ...   2. ...   3. ...   4. ...   5. ...

C. Déjeuner à la cafétéria. D'abord, regardez le dessin. 🛑 Écoutez le passage suivant, et marquez les réponses aux questions suivantes. 🔁

1.	Richard	Marlène	Louise
2.	Richard	Marlène	Louise
3.	Richard	Marlène	Louise
4.	Richard	Marlène	Louise

(Les réponses se trouvent en appendice.)

Maintenant, écoutez l'histoire encore une fois. 🔁 Répondez aux questions suivantes en vous basant sur l'histoire ou sur votre cas personnel.

> MODÈLE: Aujourd'hui, est-ce que Louise peut payer son déjeuner? →
> Non, elle ne peut pas payer son déjeuner.

1. ...   2. ...   3. ...   4. ...   5. ...   6. ...

22. The Interrogative Adjective *quel*

ASKING ABOUT CHOICES

A. Déjeuner à deux. Vous déjeunez avec quelqu'un (*someone*) qui ne fait pas très attention. Réagissez (*React*) à ses remarques en traçant un cercle autour de l'adjectif convenable (*appropriate*).

> MODÈLE: Tu veux aller dans ce restaurant? →
>
> Mais, (quel) quelle quels quelles restaurant?

1. quel quelle quels quelles
2. quel quelle quels quelles
3. quel quelle quels quelles

4. quel quelle quels quelles
5. quel quelle quels quelles
6. quel quelle quels quelles

(Les réponses se trouvent en appendice.)

B. La curiosité. Écoutez les phrases suivantes et posez la question correspondante. Suivez les modèles.

> MODÈLES: Vous ne savez pas quel jour nous sommes aujourd'hui. →
> Quel jour sommes-nous aujourd'hui?
>
> Vous voulez savoir quels films votre camarade préfère. →
> Quels films préfères-tu?

1. ... 2. ... 3. ... 4. ... 5. ...

23. The Placement of Adjectives

DESCRIBING PEOPLE AND THINGS

A. Voisines (*Neighbors*). Écoutez la conversation et indiquez si les phrases suivantes sont vraies (**V**) ou fausses (**F**).

Antoinette, une jeune étudiante belge, parle avec sa voisine, Mme Michel, une dame d'un certain âge, qui habite avec son chien et ses chats. Mme Michel a l'air triste (*sad*).

Vrai ou faux?

		V	F
1.	Mme Michel peut déjeuner au café aujourd'hui.	V	F
2.	Mme Michel achète beaucoup de nourriture pour animaux.	V	F
3.	Mme Michel cherche un nouvel appartement.	V	F
4.	Antoinette a de la sympathie pour sa voisine.	V	F
5.	L'immeuble de Mme Michel a un nouveau propriétaire.	V	F
6.	Mme Michel est allergique à son vieux chien.	V	F
7.	C'est la première fois que Mme Michel a ce problème.	V	F

(Les réponses se trouvent en appendice.)

Maintenant, écoutez le dialogue encore une fois pour vérifier vos réponses.

B. **La vie de Mme Michel.** Écoutez les remarques suivantes. Objectez en utilisant l'adjectif contraire. Suivez le modèle.

MODÈLE: C'est un nouvel appartement. → Non, c'est un vieil appartement.

1. ...   2. ...   3. ...   4. ...   5. ...   6. ...

Étude de prononciation

L'enchaînement et la liaison

A. **L'enchaînement** (*Word linking*). In French, breath groups (**groupes rythmiques**) are pronounced without a break. Natural word linking causes a sounded consonant in the final syllable of a word to link with a following syllable that begins with a vowel.

Répétez:

- un vieil arbre
- une petite amie fidèle
- Paul est là bas.
- Corinne adore Henri.

B. **Liaison** is one case of word linking in French. In **liaison,** some final consonants that normally would be silent are pronounced at the beginning of a following syllable that begins with a vowel. There is usually a meaningful connection between words linked by **liaison.** Some **liaisons** are optional; it is usually best to learn them by imitation.

Répétez:

- deux étudiants québécois
- dans une croissanterie
- mes anciens amis
- attend-elle là-bas?

C. Répétez les phrases suivantes. Faites attention à l'enchaînement.

- C'est Étienne ici.
- Tu prends une glace au chocolat?
- Le vin rouge est excellent.
- Vous habitez un appartement avec trois étudiants.

D. **Dictée.** Écoutez David qui décrit son emploi du temps (*schedule*), et particulièrement les heures de ses repas. Ensuite, écoutez une deuxième fois et complétez le passage par écrit.

_____,[1] mais je suis libre de m'organiser comme

_____.[2] Si _____[3] le matin, je reste au

lit très tard. En général, je vais en cours le matin, puis _____,[4]

_____[5] rejoindre mes amis au RU — _____.[6]

En France, nous prenons facilement _____[7] ou même

_____,[8] et après on prend _____[9] et on discute

entre amis, jusqu'à deux heures environ. Si j'ai cours _____,[10]

_____[11] sur le campus, sinon _____.[12]

Vers huit heures, _____.[13] Le dîner _____[14]

aussi durer une heure, après quoi je prépare mes cours pour le lendemain (*the next day*).

(Les réponses se trouvent en appendice.)

Prenez l'écoute!

A. Interviews chez Picard Surgelés. Écoutez Colette Thomas, une étudiante en marketing, qui interviewe Étienne (**E**), Solange (**S**) et Jean-Marc (**J–M**), qui font le marché aujourd'hui.

Trouvez sur cette liste les aliments qu'achètent les clients. Marquez **E, S** ou **J–M,** et la quantité. Suivez le modèle.

> You don't need to understand every word; listen just for the information you need to fill in the blanks.

Les promotions du mois chez Picard Surgelés

Poivrons verts et rouges mélangés en dés, Espagne. Sac de 1 kg	13,70	**12,10**	_____
Poisson Thaï au lait de coco, avec riz printanier, Thaïlande, (le kg 58,44 F). Boîte de 450 g	29,20	**26,30**	_____
Chili con carne, bœuf et légumes avec épices fortes à part, Mexique (le kg 61,42 F). Boîte de 350 g	23,90	**21,50**	_____
Jus d'oranges sanguines pressées de Sicile (le l 18,00 F). Etui de 20 cl	4,20	**3,60**	_____
Jus d'oranges sanguines pressées de Sicile (le l 15,00 F). Etui de 60 cl	10,60	**9,00**	_____
Eclairs (2 café, 2 chocolat) 60 g, Patigel (le kg 53,75 F). Boîte de 4	15,20	**12,90**	_____
Croissants feuilletés, pur beurre, cuits, 40-45 g (le kg 38,75 F). Sachet de 12	21,90	**18,60**	_____
Café Liégeois, Thiriet, 135 ml (le litre 27,77 F). Boîte de 4	17,70	**15,00**	_____
Crème vanille, Mövenpick, crème glacée vanille avec crème. Boîte de 1 litre	29,80	**25,30**	_____

E-3 sacs

Bifteck bavette Bigard, 130 g env. Sac de 8. Le kg	75,70	**68,10**
Côtes de porc échine Bigard, 140 g env. (le kg 32,00 F). Sac de 1,3 kg	46,30	**41,60**
Côtes de porc première et filet Bigard, 140 g. env. (le kg 32,00 F). Sac de 1,3 kg	46,30	**41,60**
Rôti de veau épaule, sans barde, Bigard, 1 kg environ. Le kg	58,20	**52,40**
Petits pois doux extra-fins (le kg 10,00 F). Sac de 2,5 kg	28,40	**25,00**
Haricots mange-tout mi-fins (le kg 7,76 F). Sac de 2,5 kg	22,10	**19,40**

Dans ce groupe de clients, qui préfère... ?

... les desserts?	Étienne	Solange	Jean-Marc
... la viande?	Étienne	Solange	Jean-Marc
... les légumes?	Étienne	Solange	Jean-Marc

(Les réponses se trouvent en appendice.)

Maintenant, regardez la publicité ci-dessus avec les quantités et les prix marqués. Pour chaque consommateur, indiquez le prix total (prix à la pièce × quantité), et calculez la somme complète.

	ÉTIENNE	SOLANGE	JEAN-MARC
	204F30		
TOTAL			

(Les réponses se trouvent en appendice.)

Qui dépense le plus (*spends the most*) aujourd'hui? Pour quelle sorte d'aliments?

_____

_____

B. **Un entretien avec... Estelle Calteau.** Estelle Calteau est une étudiante à Lille, en France. Elle a 23 ans.

Écoutez les questions de l'interviewer et la réponse d'Estelle. Puis, faites l'activité qui suit.

Vrai ou faux?

1. Estelle préfère les grandes surfaces pour leurs prix et la diversité de leurs produits.   **V   F**

2. Elle peut acheter un mixer et des cahiers dans le même magasin.   **V   F**

3. De temps en temps, elle va aussi dans les petits commerces du quartier.   **V   F**

4. Estelle aime beaucoup faire les courses.   **V   F**

(Les réponses se trouvent en appendice.)

En situation

A. **Déjeuner sur le pouce** (*Snack lunch*). Écoutez deux fois la conversation suivante, en faisant attention aux expressions qu'on utilise pour commander des plats. Ensuite, faites les activités B et C.

Nous sommes dans une croissanterie du Quartier latin à Paris où Sébastien et Corinne, deux étudiants québécois, déjeunent rapidement, entre deux cours. Ici, Sébastien et Corinne commandent un repas à emporter.°

à... *to take out*

LA SERVEUSE:	Vous désirez?
SÉBASTIEN:	Un croissant au jambon, s'il vous plaît.
CORINNE:	Et pour moi, un croque-monsieur.
LA SERVEUSE:	C'est tout?
SÉBASTIEN:	Non, je voudrais aussi une crêpe au Grand-Marnier.° Et toi, Corinne?
CORINNE:	C'est tout pour moi.
LA SERVEUSE:	Et comme boisson?
SÉBASTIEN:	Deux cafés, s'il vous plaît.
LA SERVEUSE:	C'est pour emporter ou pour manger ici?
CORINNE:	Pour emporter.
SÉBASTIEN:	Ça fait combien?
LA SERVEUSE:	Ça fait trente-sept francs trente... Merci.
SÉBASTIEN:	Au revoir, merci.

crêpe... *thin pancake served with Grand-Marnier liqueur*

B. Qu'est-ce qu'on dit... au snack-bar? Regardez le menu ci-dessous. 🛑 Écoutez les questions de la serveuse et les réponses correspondantes. Ensuite, répondez en exprimant vos propres (*own*) goûts.

PETITS PLATS		SALADES	
SAUCISSE AU FROMAGE	8F	GRANDE	9F
CROISSANT AU JAMBON	10F	PETITE	6F
HAMBURGER AU FROMAGE	10F	**CRÊPES**	
CROQUE-MONSIEUR	10F	AU FROMAGE	8F
SANDWICH AU JAMBON	8F	AU SUCRE	6F
		AU CHOCOLAT	8F
BOISSONS			
LIMONADE/ORANGINA/COCA	4F	**GLACES**	
EAUX MINÉRALES	5F	FRAISE	6F
CAFÉ	4F	VANILLE	6F
THÉ		CHOCOLAT	6F
CHAUD	4F		
GLACÉ	5F		

MODÈLE: Vous désirez? —Une saucisse au fromage, s'il vous plaît. —Et vous? →
Une crêpe au fromage, s'il vous plaît.

1. ...   2. ...   3. ...   4. ...   5. ...   6. ...   7. ...

C. Impromptu. Écoutez attentivement l'échange suivant basé sur le dialogue d'**En situation.** 📻
Puis, écoutez une deuxième fois et écrivez les expressions qui manquent. 🛑

LE SERVEUR: _____,[1] Mademoiselle?

CORINNE: _____[2] et une petite

_____[3] niçoise, _____.[4]

LE SERVEUR: _____[5]?

CORINNE: Non, attendez... _____[6] aussi un café crème.

LE SERVEUR: _____[7]?

CORINNE: Pour emporter. _____[8]?

LE SERVEUR: Ça fait _____.[9] Merci, Mademoiselle.

CORINNE: _____.[10] Au revoir!

(Les réponses se trouvent en appendice.)

Maintenant, écoutez une troisième fois les propos du serveur et répondez à la place de Corinne.

1. ...   2. ...   3. ...   4. ...

Regardons!

Le repas fait maison

Présentation

Paul has invited Caroline and Bénédicte to dinner at his apartment. He has made a quiche lorraine—or has he?

Vocabulaire utile

Je meurs de faim.	I'm dying of hunger.
Tu nous gâtes.	You're spoiling us.
volontiers	gladly
Tu peux nous donner la recette?	Can you give us the recipe?
Je compte bientôt faire la compétition...	I plan on competing soon...
Laisse-moi t'aider.	Let me help you.
j'avoue...	I confess...
un traiteur	delicatessen
Je le jure.	I swear.
des profiteroles au chocolat	cream puffs served with chocolate sauce

Activités

A.   À table. Indiquez la personne qui dit les choses suivantes, Caroline (**C**), Paul (**P**) ou Bénédicte (**B**).

1.   _____ «Tu nous gâtes.»

2.   _____ «Je compte bientôt faire la compétition avec Paul Bocuse.»

3.   _____ «C'est la recette de ma grand-mère de Lorraine.»

4.   _____ «Je meurs de faim.»

5. _____ «Mon dessert préféré!»

6. _____ «J'ai pris la recette sur ce livre.»

7. _____ «Le grand secret familial.»

B. **La recette de la quiche.** Cochez (✔) les ingrédients nécessaires à la préparation d'une quiche lorraine.

1. _____ du beurre

2. _____ de la crème

3. _____ de l'huile

4. _____ du fromage

5. _____ du sel

6. _____ du sucre

7. _____ de la farine

8. _____ du bœuf

9. _____ des œufs

10. _____ du jambon

11. _____ du lait

12. _____ du poivre

C. **À vous!** Répondez aux questions.

Quelle est votre recette préférée? Quels sont les ingrédients nécessaires pour la faire?

_____

_____

_____

_____

_____

_____

_____

_____

Pot-pourri culturel

Paul Bocuse: Paul Bocuse est un grand chef français. Son restaurant près de Lyon est considéré comme un des meilleurs de France. Il a eu le très grand honneur de recevoir trois étoiles (*stars*) dans le *Guide Michelin* rouge.

Le *Guide Michelin*: Le *Guide Michelin* rouge est un guide de voyage qu'on consulte pour trouver des hôtels et des restaurants. Ses recommandations sont toujours très suivies (*followed*). L'autre guide très connu est le *Gault-Millaut*.

Regardez la vidéo une dernière fois en faisant particulièrement attention aux détails mentionnés ici.

CHAPITRE SEPT

Vive les vacances!

Étude de vocabulaire

A. Que fait Chantal en vacances? Répondez à chaque question en regardant les dessins.

> MODÈLE: Que fait Chantal sur le fleuve? → Elle fait du bateau.

1. ...   2. ...   3. ...   4. ...   5. ...

B. De quoi Chantal a-t-elle besoin? Regardez les dessins ci-dessus (Exercice A). 🛑 Écoutez les phrases suivantes, et encerclez la chose qui *n'est pas nécessaire*.

1. (d'une voiture) / d'un gilet de sauvetage (*life jacket*) / d'un chapeau

2. d'un maillot de bain / d'une raquette / d'un masque

3. d'un sac de couchage / de chaussures à hauts talons (*high heels*) / de provisions

4. de skis / d'une combinaison isothermique (*wet suit*) / d'une planche

5. d'une tente / de gants de ski / d'un anorak

6. d'un sac à dos / d'un parapluie / de lunettes de soleil

(Les réponses se trouvent en appendice.)

C. Mes vacances préférées. Écoutez la question et les réactions de deux personnes. Ensuite, donnez une réponse personnelle.

1. ...   2. ...   3. ...   4. ...   5. ...

Voix francophones

Mes vacances. Écoutez Marie-Jo, une étudiante française de Toulouse, qui décrit ses vacances habituelles; puis remplissez (*fill out*) le questionnaire pour elle.

Ensuite, remplissez le questionnaire pour vous-même. 🛑

> You may fill in one or several options for each question.

	MARIE-JO	MOI
Combien de semaines / jours / mois...	2 semaines	
à Noël?		
à Pâques?		
en février?		
en été?		
autre?		
Avec qui passez-vous les vacances?		
en famille		
avec mes amis		
seul(e)		
Où les passez-vous d'habitude?		
dans ma ville		
dans une autre ville	✔	
à la mer	✔	
en montagne	parfois	
à l'étranger (*abroad*)		
ailleurs (*elsewhere*)? Où?		
Vacances idéales?		
camping sauvage (*backpacking*)		
camping (en voiture)		
hôtel de luxe		
auberge de jeunesse		
sports		
tourisme		
autre?		

(Les réponses se trouvent en appendice.)

🛑 Préférez-vous les vacances de Marie-Jo ou préférez-vous d'autres vacances? Pourquoi?

_____

_____

Étude de grammaire

24. Verbs Conjugated like *dormir; venir*

EXPRESSING ACTIONS

A. J'aimerais savoir... Écoutez la phrase, et changez-la en utilisant le nouveau sujet.

> MODÈLE: Jeanne sort-elle ce soir? (vous) → Sortez-vous ce soir?

1. (Jacqueline)   4. (je)
2. (les enfants)   5. (vous)
3. (la famille)

B. Qui est plus aventureux? Écoutez cette conversation entre Michèle, Édouard et Jean-Pierre, et complétez les phrases. 🎧📼

Michèle   Édouard   Jean-Pierre

Michèle et Édouard...

- vont faire _____.[1]
- partent en _____.[2]
- _____[3] sous la tente, ou sous les étoiles (*stars*).
- adorent _____[4] la nuit dans le désert.

Jean-Pierre...

- sort seulement pour aller _____.[5]
- _____[6] très bien dans sa chambre d'hôtel.
- descend dîner quand il _____[7] la bonne soupe qu'on

_____[8] à l'hôtel.

(Les réponses se trouvent en appendice.)

À qui ressemblez-vous? À Michèle et à Édouard, ou bien à Jean-Pierre? Écoutez les questions et donnez une réponse personnelle. 🎧

1. ...   2. ...   3. ...   4. ...

C. **Aventures récentes.** Regardez chaque image et écoutez sa description. Répondez à la question en utilisant **venir de** + l'infinitif. 🎧

Georges

Marie-France

Jacques   Corinne

Sylvie

1. ...   2. ...   3. ...   4. ...

25. The *passé composé* with *avoir*

TALKING ABOUT THE PAST

A. **Nicole et moi.** Écoutez chaque conversation, et dites ce que vous avez fait vous-même la semaine dernière.

MODÈLE: Nicole a discuté avec ses parents. —Moi, j'ai discuté avec mes amis. —Et toi? →
           Moi, j'ai discuté avec mes profs.

1. ...   2. ...   3. ...   4. ...   5. ...   6. ...

B. Déménagement (*Moving day*). Écoutez Annette qui répond aux questions d'une amie au téléphone. Complétez ses réponses par écrit. 🔊

— Oui, dans le journal (*newspaper*). _____¹ un gros camion (*truck*) à

louer, pas trop cher, et Jeff et moi, _____² tous les préparatifs.

— Oui, _____³ par emballer (*packing*) nos livres.

— Oui, _____⁴ Georges et Solange à nous aider aussi, mais ils sont en voyage.

— Non, pas vraiment, _____⁵ de difficulté à descendre les meubles.

— Oui, _____⁶ à tout placer dans le camion, enfin...

— Simon et Marie _____⁷ les courses pour nous.

(Les réponses se trouvent en appendice.)

C. Les vacances de Bernard. Écoutez l'histoire suivante. Mettez les images en ordre (#1, #2, #3 et #4). 🔊

(Les réponses se trouvent en appendice.)

Une journée de vacances. Écoutez les questions posées à Bernard, et répondez à sa place.

> Use what you just heard about Bernard's day as well as the hints that follow.

MODÈLE: Ce matin, as-tu mangé tôt ou tard? (tôt? / tard?) → J'ai mangé tôt.

- en ville? / dans les environs?
- bronzé? / nagé? / fait des achats?
- dormi? / pas dormi?
- 8h? / 10h? / 6h?
- une camarade? / une amie de sa mère?

(Les réponses se trouvent en appendice.)

26. The *passé composé* with *être*

TALKING ABOUT THE PAST

A.   Un week-end à la campagne. Racontez au passé composé le week-end de votre amie Zineb.

> Pay special attention to whether verbs are conjugated with **avoir** or with **être** in the **passé composé**.

MODÈLES: Zineb achète une tente. → Zineb a acheté une tente.

Ses amis arrivent. → Ses amis sont arrivés.

1. ...   2. ...   3. ...   4. ...   5. ...   6. ...   7. ...   8. ...

B.   Un premier voyage. Maryvonne, qui a dix ans, va en colonie de vacances (*summer camp*) pour la première fois. Écoutez les directives de son père, et marquez toutes les activités qu'il mentionne.

_____ attendre l'autobus	_____ changer d'autobus à Lyon
_____ acheter des livres	_____ nager dans le lac
_____ prendre son sac à dos	_____ faire du vélo
_____ monter dans le bus	_____ jouer au football
_____ voyager quatre heures	_____ rentrer dans trois semaines
_____ descendre à Sainte-Marie	

(Les réponses se trouvent en appendice.)

La carte postale. Trois jours plus tard, Maryvonne écrit une carte postale à son père. Elle raconte son voyage au passé composé. Arrêtez l'enregistrement et complétez sa carte postale par écrit. ✍︎🎧🛑

> Before completing the following postcard, listen again to the original statement by Maryvonne's father.

Cher papa,

Oui, d'abord j'ai attendu l'autobus. Je (J') _____ [1]

mon sac à dos. Je (J') _____ [2] dans l'autobus.

Je (J') _____ [3] à Sainte-Marie avec les autres

enfants. Je (J')_____ [4] dans le lac, je (j')

_____ [5] du vélo et je (j')

_____ [6] au tennis. Et maintenant, papa, j'ai

envie de rentrer. Tu peux venir me chercher?

Gros bisous,

Maryvonne

(Les réponses se trouvent en appendice.)

C. Au secours! (*Help!*) Regardez cette série d'images. Qu'est-ce qui est arrivé à Caroline et à Jean-François? 🛑

Maintenant, écoutez l'histoire en regardant les dessins.

Jean-François a téléphoné à son amie Caroline de sa voiture. Il est dans un embouteillage (*traffic jam*), près du boulevard Saint-Michel...

Caroline répond. Écoutez les questions et donnez les réponses de Caroline, selon l'histoire ci-dessus. 🎧

> MODÈLE: Quand es-tu partie? (immédiatement / une heure plus tard) →
> Je suis partie immédiatement.

> Choose from these hints when forming your answer.

1. (tomber / presque [*almost*] tomber)
2. (dans sa voiture / dans la rue)
3. (en voiture / en moto)
4. (dans un parking / dans la rue)

27. Uses of *depuis*, *pendant*, and *il y a*

TELLING HOW LONG OR HOW LONG AGO

A. Nouveaux intérêts. Écoutez la conversation entre Bernard et Sophie. 🎧

Un soir, à l'hôtel, Bernard Meunier parle avec une jeune fille, Sophie Morin...

Après les vacances. Sophie décrit ses vacances à une camarade. Écoutez les questions de sa camarade et encerclez les réponses correctes.

1. Je suis de retour *depuis / pendant* quelques jours seulement.

2. *Depuis que / Il y a* je suis de retour, je pense à mon nouvel ami Bernard...

3. *Pendant / Il y a* mes vacances, j'ai passé beaucoup de temps avec Bernard.

4. Nous avons parlé pour la première fois *depuis / il y a* deux semaines.

5. Ce soir-là, nous avons discuté *depuis / pendant* des heures.

(Les réponses se trouvent en appendice.)

B. Question de temps. Écoutez la question et la réponse d'un étudiant. Donnez une réponse personnelle.

> MODÈLE: Quand as-tu vu «La Guerre des étoiles» (*Star Wars*)? —Moi, j'ai vu ce film il y a treize ans! —Et toi? → Moi? Il y a dix ans.

> Listen to the sample answers first. Use either **depuis**, **pendant**, or **il y a** in your answers.

1. ...   2. ...   3. ...   4. ...   5. ...

Étude de prononciation

Intonation

Intonation refers to the rise and fall, not the loudness, of the voice in an utterance. It expresses the emotion and the intention of the speaker.

A. Répétez les phrases suivantes.

- Bonjour, Monsieur.
- Comment s'appelle-t-il?
- Quel beau chat!
- Donnons-lui à manger!

In a French declarative sentence, intonation rises within each breath group. Intonation falls at the end of the sentence, within the final breath group.

B. Répétez les phrases suivantes.

- Je m'appelle Marcel Martin.
- Il y a de la place dans le petit dortoir.
- J'ai mon sac de couchage.
- Eh bien, c'est d'accord.

In exclamatory sentences and commands (the imperative), intonation starts rather high at the beginning and falls toward the end of the sentence.

C. Répétez les phrases suivantes.

- Quelle ville charmante!
- Allons voir l'auberge!
- Que tu es gentil!
- Ne rentrez pas trop tard!

D. Dictée. Écoutez Raoul qui raconte une excursion à bicyclette. Ensuite, écoutez une deuxième fois, et complétez le passage par écrit.

Il y a trois jours, _____[1] faire une promenade à

bicyclette à la campagne. J'ai allumé (*turned on*) la radio pour écouter la météo (*weather report*).

«Aujourd'hui, _____.[2]

_____[3] en montagne.

_____[4] sur les routes.»

À cause du beau temps, _____[5] pull-overs.

_____[6] des sandwichs et un appareil-photo (*camera*), et

_____[7] la ville vers (*around*) onze heures. Mais après une

demi-heure de route, _____.[8] _____[9]

pleuvoir (*rain*). Heureusement, _____[10] près de la route.

Quelle chance! Les bicyclettes? _____[11] les bicyclettes dans le

garage. Le déjeuner? _____.[12] Et la météo?

_____[13] à la météo!

(Les réponses se trouvent en appendice.)

Prenez l'écoute!

A. **Congés payés** (*Paid vacation*). Écoutez une conversation entre Benoît et Véronique, un jeune couple français, et un ami américain, Bill. Encerclez **V** ou **F.**

Vrai ou faux?

1. Les Français qui travaillent ont deux semaines de vacances payées par an.   **V**   **F**

2. Les Français ont des congés payés depuis la Révolution française.   **V**   **F**

3. La majorité des Français partent en vacances pendant l'été.   **V**   **F**

4. Il y a beaucoup de Français qui choisissent de ne pas partir.   **V**   **F**

5. Le Français croit que le temps libre, les voyages et le temps passé en famille sont très précieux.   **V**   **F**

(Les réponses se trouvent en appendice.)

B. **Un entretien avec... Ibrahim Nantchouang.** Ibrahim Nantchouang est un étudiant de 22 ans. Il vient de Yaoundé au Cameroun.

Écoutez la question de l'interviewer et la réponse d'Ibrahim. Puis, faites l'activité qui suit.

Vrai ou faux?

1. Ibrahim est allé à Baltimore pour travailler.   **V**   **F**

2. Les belles voitures américaines l'ont beaucoup impressionné.   **V**   **F**

3. Ibrahim aime les jardins aux États-Unis parce qu'ils ressemblent aux jardins de son pays.   **V**   **F**

4. Ibrahim admire la vie traditionnelle des Amish en Pennsylvanie.   **V**   **F**

(Les réponses se trouvent en appendice.)

En situation

A. Une nuit à l'auberge de jeunesse. Écoutez deux fois la conversation suivante. Faites attention à la manière dont Sean réserve sa place à l'auberge. Ensuite, faites les activités B et C.

Sean fait un voyage en France depuis deux mois et il dort souvent dans les auberges de jeunesse. L'avantage? Les auberges sont souvent situées près d'une gare,° elles ne coûtent pas cher et l'ambiance y est très sympathique. Ici, Sean arrive à l'auberge de jeunesse de Caen, en Normandie.

train station

SEAN:	Bonjour, Madame, est-ce que vous avez encore de la place?	
LA DAME:	Oui, il y a de la place dans le petit dortoir.°	*sleeping quarters (dormitory)*
SEAN:	Ça fait combien, pour une nuit? J'ai une carte° de l'American Youth Hostels...	*(membership) card*
LA DAME:	Alors, quarante-cinq francs. Vous avez besoin de draps°?	*sheets*
SEAN:	Non, j'ai mon sac de couchage.	
LA DAME:	Nous ne servons pas de repas chauds, mais il y a une petite cuisine au rez-de-chaussée.	
SEAN:	Eh bien, c'est d'accord. Voici quarante-cinq francs.	
LA DAME:	Merci. Ah, faites bien attention: l'auberge ferme° à vingt-deux heures. Ne rentrez° pas trop tard!	*closes* *return*

B. Qu'est-ce qu'on dit... à l'hôtel? Écoutez les questions du voyageur. Donnez la réponse de la propriétaire. 🛑

À partir de sept heures et quart.
Oui, il y a un restaurant au rez-de-chaussée.
Elles sont au fond du couloir à l'étage.
À onze heures et demie—et j'aime bien dormir, moi!
Pour une chambre à un lit, c'est deux cents francs.

MODÈLE: Bonsoir, Madame, vous avez encore de la place pour cette nuit? →
Oui, nous avons encore deux chambres à un lit.

1. ... 2. ... 3. ... 4. ... 5. ...

C. **Impromptu.** Écoutez attentivement l'échange suivant basé sur le dialogue d'**En situation.**
Puis, écoutez une deuxième fois et écrivez les expressions qui manquent.

LA DAME: Bonjour, vous voulez _____[1]?

SEAN: Oui, _____,[2] s'il vous plaît.

LA DAME: Est-ce que vous _____[3]?

SEAN: Non, j'ai _____.[4]

LA DAME: Dans un dortoir à six personnes... ça vous

_____.[5] Vous

_____[6] à la cuisine?

SEAN: Oui, vers _____[7] heures, je pense.

LA DAME: Si vous sortez, n'oubliez pas: _____.[8]

SEAN: Bon, _____.[9] Merci, Madame.

(Les réponses se trouvent en appendice.)

Maintenant, écoutez une troisième fois les propos de la dame à la réception et répondez à la place de Sean.

1. ...   2. ...   3. ...   4. ...

Regardons!

Une promenade dans le parc

Présentation

While strolling through the park, Caroline and Paul look at and comment on people engaged in a variety of activities. They get inspired to make plans for a short vacation. Where would they finally like to go?

Vocabulaire utile

Tu as raison.	You are right.
Les gens flânent.	People stroll leisurely.
se détendre	to relax
Comme ils sont mignons!	They're so cute!
Elle a l'air de...	She seems to . . .
Je me demande...	I wonder . . .
Quel bruit!	What a noise!
ce qu'on devrait faire	what we should do
la choucroute	sauerkraut
prendre des couleurs	to get some color (tan)
Il n'y a pas trop de monde.	There aren't too many people.
(Il) Faut bien rêver!	You have to dream!

Activités

A. Le dimanche après-midi. Regardez la vidéo une première fois pour vous familiariser avec la scène. Puis, regardez-la une deuxième fois et numérotez les activités présentées dans cette scène par ordre chronologique.

_____ a. jouer de la guitare

_____ b. chanter

_____ c. faire du pédalo (*pedal boat*)

_____ d. faire de la plongée avec un masque

_____ e. faire du cheval

_____ f. faire de la bicyclette

_____ g. faire de la voile

_____ h. lire

B. **Projets de vacances.** Choisissez la réponse ou les réponses correcte(s).

1. Paul propose d'aller en Bretagne parce que (qu') _____.
   a. c'est loin
   b. ils ont de bonnes crêpes
   c. c'est très joli
   d. ses parents y habitent

2. Caroline aimerait (*would like*) aller en Alsace pour _____.
   a. manger une bonne choucroute
   b. visiter Strasbourg
   c. se promener dans la vieille ville
   d. goûter leurs petits vins

3. Paul suggère la Côte d'Azur parce que (qu') _____.
   a. il y a le festival de Cannes
   b. les deux ont besoin de prendre des couleurs
   c. il veut voir le Carnaval de Nice
   d. il n'y a pas trop de monde en cette saison

4. Paul et Caroline pourraient (*could*) essayer la côte basque pour _____.
   a. jouer au golf
   b. aller au casino
   c. faire une randonnée dans les Pyrénées
   d. se baigner (nager)

5. Caroline vote pour _____.
   a. Strasbourg
   b. Biarritz
   c. Cannes
   d. Lille

C. **Ce qu'on devrait (*should*) faire.** Essayez de convaincre (*convince*) quelqu'un de faire quelque chose pour un week-end. Utilisez les expressions suivantes de la vidéo:

- Pourquoi ne pas _____?

- On pourrait essayer de _____.

- Moi, j'aimerais bien _____.

- On a bien besoin de _____.

- Tu sais ce qu'on devrait faire _____?

Pot-pourri culturel

Les parcs: Les dimanches en France sont très calmes. Les magasins sont fermés et les gens aiment flâner et se promener en famille dans les rues et les jardins publics. Le bois de Boulogne à l'ouest de Paris et le bois de Vincennes à l'est sont les deux plus grands espaces verts, «les poumons» (*the lungs*, lit.; *the fresh air, the breath,* fig.) de Paris. Les gens des grandes villes partent souvent à la campagne en fin de semaine pour se détendre et changer de routine.

La carte de France: Un peu de géographie! Les régions mentionnées dans la vidéo peuvent se retrouver sur la carte. Regardez la vidéo une dernière fois. Puis, retrouvez ces régions sur la carte de France au début de *Rendez-vous*.

CHAPITRE HUIT

Voyages et transports

Étude de vocabulaire

A. **Le voyage de Sabine.** Écoutez l'histoire en regardant les dessins. Mettez les dessins en ordre en les numérotant de #1 à #6.

Sabine est étudiante en sociologie à Rouen. L'été passé, elle a fait un voyage d'études en Côte-d'Ivoire.

(Les réponses se trouvent en appendice.)

Sabine répond. Regardez encore une fois les dessins ci-dessus. (STOP) Écoutez les questions et imaginez les réponses de Sabine.

> Suggested answers are provided on the recording.
> Yours do not need to match them exactly.

MODÈLE: Sabine prend son billet. «Est-ce que vous fumez, Mademoiselle?» →
Non, je ne fume pas.

1. ...   2. ...   3. ...   4. ...   5. ...

B. Et vous? Réfléchissez à un voyage en avion que vous avez fait, et donnez une réponse personnelle aux questions suivantes.

MODÈLE: Pourquoi as-tu fait ce voyage? (J'ai fait... pour...) →
J'ai fait ce voyage pour voir ma famille.

1. (J'ai pris...)   3. (Le/L'...)
2. (J'ai demandé la...)   4. (Après le repas,...)

C. À l'aéroport international. Trouvez le numéro du vol sur le tableau et écrivez les informations que vous entendez.

> Find the flight numbers in the following
> list as they are read. (They will be read in a
> different order.)

MODÈLE: Le vol numéro quatre-vingt-treize arrive du *Maroc* à *dix-sept heures quinze.*

N° DU VOL	ARRIVE DE/DU/DES	HEURE D'ARRIVÉE
61	_____	9h40
74	_____	13h30
79	_____	_____
81	Russie	_____
88	_____	_____
93	Maroc	17h15
99	Mexique	_____

(Les réponses se trouvent en appendice.)

D. Conduire en Europe. Regardez les panneaux (*signs*) internationaux. 🛑 Écoutez les explications et indiquez à quels panneaux elles correspondent.

a.   b.   c.   d.

e.   f.   g.   h.

MODÈLE: Pas de circulation dans cette direction; sens interdit. → **d**

1. _____   4. _____   7. _____

2. _____   5. _____

3. _____   6. _____

(Les réponses se trouvent en appendice.)

E. Conduire ou voyager? Écoutez la description et donnez le nom du véhicule.

MODÈLES: Viviane voyage dans un train sous la ville de Paris. Comment voyage-t-elle? →
Elle voyage en métro.

À minuit, Alice transporte un passager très malade (*ill*). Quel véhicule est-ce qu'elle conduit? → Elle conduit une ambulance.

1. ...   2. ...   3. ...   4. ...   5. ...

F. En avion. Écoutez les questions du steward et les réponses de deux autres passagers. Répondez vous-même aux questions.

1. ...   2. ...   3. ...   4. ...   5. ...

Voix francophones

Un voyage agréable? Simone a visité les îles francophones de l'océan Indien. Écoutez son histoire.

**DU KENYA
A L'OCEAN INDIEN**

*PROGRAMME C • Paris - Djibouti/Port Louis - Paris
du samedi 5 Novembre au lundi 28 Novembre*
•
23 JOURS A PARTIR DE 29 210 FF

Simone raconte son histoire à une amie. Ses expériences ont-elles été **agréables** ou **désagréables?** Mettez **A** ou **D,** selon le cas.

1. _____   3. _____   5. _____

2. _____   4. _____   6. _____

(Les réponses se trouvent en appendice.)

Étude de grammaire

28. Introduction to the Present Conditional

MAKING POLITE REQUESTS

A.   Un week-end à Londres. Écoutez la conversation entre Julie et son agent de voyages.

Un nouveau voyage. Écoutez les phrases, et répétez-les (*them*) en substituant les éléments suivants.

> MODÈLE: Auriez-vous des tarifs (*fares*) intéressants pour Londres? (Londres $\rightarrow$ le Québec) $\rightarrow$
> Auriez-vous des tarifs intéressants pour le Québec?

1.   pour Londres $\rightarrow$ pour Montréal
2.   une chambre d'hôtel $\rightarrow$ une couchette
3.   être $\rightarrow$ aller
4.   trouver un hôtel près de Hyde Park $\rightarrow$ voir les Rocheuses canadiennes

B. Bonnes manières. Vous donnez un goûter (*are having a tea party*) pour les amis de votre petite sœur. Apprenez-leur (*Teach them*) à parler en société. Suivez le modèle.

MODÈLE: Nous voulons manger! → Non, dites... nous voudrions manger.

1. ...   2. ...   3. ...   4. ...   5. ...

29. Prepositions with Geographical Names

EXPRESSING LOCATION

A. Voyage d'été. Regardez l'itinéraire de Nicolas. 🛑 Maintenant, répondez aux questions selon ces informations.

> In your answers, use **à, au, aux,** or **en** + the place name.

MODÈLE: Où Nicolas part-il le 10 juin? → Au Canada.

1. ...   2. ...   3. ...   4. ...   5. ...   6. ...

B. Voyages de rêve (*dream*). Écoutez les projets de voyage suivants. Devinez (*Guess*) la destination de ces gens.

> MODÈLE: Sylvie veut voir des ruines mayas et aztèques en Amérique. Où va-t-elle? →
> Elle va au Mexique.

Destinations: l'Australie, la Belgique, le Canada, la Chine, le Mexique, New York, la Tunisie

1. ... 2. ... 3. ... 4. ... 5. ... 6. ...

C. La rentrée. Écoutez la description et dites d'où arrive chaque étudiant.

Cybèle   Monique   Gérard   Florence   Joseph

> MODÈLE: Cybèle arrive d'Amérique du Sud. On parle portugais dans le pays qu'elle a visité.
> À Rio, une ville importante, on célèbre le carnaval du Mardi gras au mois de février.
>
> D'où vient Cybèle? → Elle vient du Brésil.

1. ... 2. ... 3. ... 4. ...

30. Affirmative and Negative Adverbs

EXPRESSING NEGATION

A. Paul et Richard. Écoutez la description de Paul et comparez-la à son frère Richard, qui est son opposé.

> Remember: In the negative, **déjà** →
> **ne/n'... pas encore** and **encore** →
> **ne/n'... plus.**

> MODÈLES: Paul a déjà un diplôme. → Richard n'a pas encore de diplôme.
>
> Paul a encore de l'argent. → Richard n'a plus d'argent.

1. ... 2. ... 3. ... 4. ... 5. ... 6. ...

B. **Limites.** Écoutez les phrases suivantes et remplacez l'expression **seulement** par **ne... que.**

> MODÈLES: Nous avons seulement deux heures ici. → Nous n'avons que deux heures ici.
>
> J'achète seulement un billet. → Je n'achète qu'un billet.

1. ...   2. ...   3. ...   4. ...

31. Affirmative and Negative Pronouns

EXPRESSING NEGATION

A. **La vie en noir.** Écoutez chaque question posée par des amis et répondez à la forme négative.

> Use **rien, personne,** or **jamais** as your answer.

> MODÈLES: Qu'est-ce que tu as fait samedi soir? → Rien.
>
> Vas-tu parfois danser le week-end? → Non, jamais.
>
> Qui t'a invité à dîner cette semaine? → Personne.

1. ...   2. ...   3. ...   4. ...   5. ...   6. ...

B. **Minuit.** Regardez le dessin et écoutez chaque question. Répondez avec **ne... personne** ou **ne... rien.**

> MODÈLE: Y a-t-il quelqu'un sur le quai? → Non, il n'y a personne sur le quai.

1. ...   2. ...   3. ...   4. ...   5. ...

C. **Un pessimiste.** Donnez les réactions d'un étudiant pessimiste.

> Use **personne de/d'** + adjective or **rien de/d'** + adjective in your answer.

> MODÈLES: Il y a quelque chose d'amusant à faire. → Non, il n'y a rien d'amusant à faire.
>
> Quelqu'un d'intéressant est ici. → Non, personne d'intéressant n'est ici.

1. ...   2. ...   3. ...   4. ...

Étude de prononciation

L'intonation interrogative

In a question calling for a *yes* or *no* answer, French intonation rises at the end.

A. Répétez les questions suivantes.

- Ça va?
- Tu viens?
- Est-ce que c'est une touriste?
- As-tu les billets?

In an information question, French intonation begins at a rather high level and descends at the end of the question.

B. Répétez les questions suivantes.

- Comment allez-vous?
- Qu'est-ce que c'est?
- Quand arrive-t-on?
- Pourquoi ne pars-tu pas?

C. **Dictée.** Écoutez Victor qui raconte un voyage mémorable. Ensuite, écoutez une deuxième fois, et complétez le passage par écrit.

Mon retour en France après sept ans d'exil aux États-Unis

_____.[1] _____[2]

d'Orly après onze heures d'avion, épuisé (*exhausted*), mais excité aussi à l'idée de

_____.[3] Après le passage _____,[4]

j'ai commencé _____[5] la foule (*crowd*) à la porte de sortie, quand

soudain _____;[6] successivement après cela, ont apparu (*appeared*) ma

mère, _____[7] et son copain (*friend*). _____[8]

pour moi, _____,[9] juste pour me prouver leur amour.

_____[10] tous _____[11] à la porte d'Italie

_____[12] un express _____.[13]

Voilà le début de merveilleuses retrouvailles (*reunion*).

(Les réponses se trouvent en appendice.)

Prenez l'écoute!

A. **Une croisière** (*cruise*) **sur l'océan Indien.** Aujourd'hui, vous allez avec Simone chez l'agent de voyages. Regardez la carte suivante pendant quelques moments. 🛑

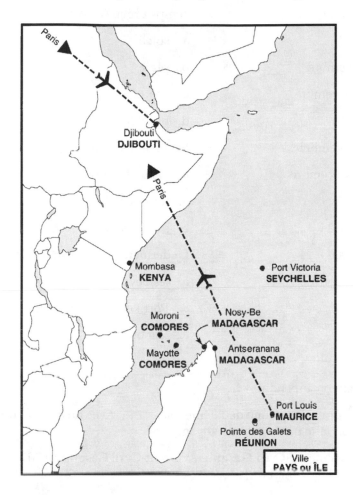

Écoutez la conversation une première fois, en marquant la ou les réponse(s) correcte(s).

> Note that there may be more than one
> correct choice among those given.

1. Durée du voyage?

   a. environ 3 semaines

   b. environ 2 semaines

   c. environ un mois

2. Date du départ?

   a. lundi, 5 décembre

   b. samedi, 5 novembre

3. Date du retour?

   a. lundi, 28 novembre

   b. samedi, 28 décembre

4. Prix?

   a. environ 50 000 F

   b. environ 30 000 F

5. Moyens de transport?

   a. jeep

   b. avion

   c. bateau

6. Nom du bateau?

   a. la Sirène

   b. le Mermoz

7. Temps prévu (*Forecast*)?

   a. soleil

   b. pluie

   c. chaud

   d. humide

8. Excursion(s) à terre?

   a. visite des îles

   b. tour dans Paris

   c. safari-photo au Kenya

9. La dernière escale (*Port of call*)?

   a. les Seychelles

   b. Port Louis (île Maurice)

   c. Djibouti

(Les réponses se trouvent en appendice.)

Maintenant, écoutez la conversation une deuxième fois. Avec un crayon, tracez la croisière sur la carte, selon la description faite par l'agent de voyages.

B. **Un entretien avec... Vincent-Cyril Gasgnier.** Vincent-Cyril Gasgnier a 20 ans. Il est étudiant, originaire de Sainte Hyacinthe, au Québec.

Écoutez les questions de l'interviewer et la réponse de Vincent-Cyril. Puis, faites l'activité qui suit.

Vrai ou faux?

1. Vincent-Cyril espère un jour avoir une voiture.   **V F**

2. Au Québec, on ne peut pas avoir son permis de conduire avant l'âge de 18 ans.   **V F**

3. Le prix de l'essence est beaucoup plus élevé au Québec qu'aux États-Unis.   **V F**

4. Les autos au Québec peuvent avoir beaucoup de problèmes à cause du mauvais temps. **V F**

(Les réponses se trouvent en appendice.)

En situation

A. En voiture! (*All aboard!*) Écoutez deux fois la conversation suivante, en faisant attention à la manière dont Geoffroy achète son billet de train. Ensuite, faites les activités B et C. 🚐🏠

Geoffroy est venu faire des études d'optométrie à Nice. Il a décidé de passer le week-end à Avignon pour voir le Palais des Papes° et le vieux pont.° Ici, Geoffroy achète un billet de train.

Palais... Palace of the Popes / bridge

GEOFFROY:	(*au guichet*) À quelle heure est le prochain train pour Avignon, s'il vous plaît?
LE GUICHETIER:	Vous avez un train dans vingt minutes et le suivant° est à vingt-deux heures.
GEOFFROY:	Combien coûte le billet aller-retour° en deuxième classe?
LE GUICHETIER:	Deux cent quatre-vingt-quatorze francs.
GEOFFROY:	Je veux un aller simple,° s'il vous plaît. Je peux régler° par chèques de voyage?
LE GUICHETIER:	Oui, s'ils sont en francs. Voilà votre billet. Vous avez une place° dans le compartiment 23, et vous partez du quai numéro 6.
GEOFFROY:	Merci.
LE GUICHETIER:	Oh, n'oubliez pas de le composter.°

le... the next one

round trip

aller... one-way ticket
payer

seat

have your ticket punched

B. Qu'est-ce qu'on dit... au guichet? Vous voulez acheter un billet de train. Écoutez l'indication et cherchez dans la liste suivante la question à poser. 🛑

> Je peux régler par chèques de voyage?
> Combien coûte un billet aller-retour?
> De quel quai part mon train?
> Quel est le numéro du compartiment?
> À quelle heure est le prochain train?

MODÈLE: Vous voulez savoir l'heure du prochain train. → À quelle heure est le prochain train?

1. ...   2. ...   3. ...   4. ...

C. Impromptu. Écoutez attentivement l'échange suivant basé sur le dialogue d'**En situation.** 🚐🏠 Puis, écoutez une deuxième fois et écrivez les expressions qui manquent.

CATHERINE:	_____¹pour Nice, s'il vous plaît?
LE GUICHETIER:	_____²un train dans _____³quarts _____,⁴à _____.⁵
CATHERINE:	_____⁶en deuxième classe?
LE GUICHETIER:	_____.⁷
CATHERINE:	_____⁸carte de crédit?
LE GUICHETIER:	Oui, bien sûr. Signez là. _____.⁹ _____¹⁰ quai numéro 12.
CATHERINE:	Merci, Monsieur.
LE GUICHETIER:	N'oubliez pas de _____¹¹!

(Les réponses se trouvent en appendice.)

Maintenant, écoutez une troisième fois les réponses du guichetier (*counter clerk*) et donnez *la question* que Catherine lui a posée.

   1. ...   2. ...   3. ...

Regardons!

L'agence de voyages

Présentation

While Michel and Paul are waiting at a travel agency, they talk about Paul's memorable vacation to Italy last year. Then they meet with a travel agent to set up Paul's vacation for this year.

Vocabulaire utile

Je pense peut-être aller...	I'm thinking about going . . .
des vacances inoubliables	an unforgettable vacation
Tu as aimé tant que ça?	You liked it that much?
deux heures de retard	two hours late
ma valise	my suitcase
Il a fallu trouver...	We had to find . . .
Il t'est arrivé pas mal de mésaventures!	A lot of bad things happened to you!
J'ai quand même fait la connaissance...	However I did meet . . .
On m'a volé mon appareil-photo...	Someone stole my camera . . .
faire de telles affaires	to get good deals
les souks	*North African markets*
marchander	to bargain
des cadeaux	presents
J'aurai droit à quoi?	I'll be entitled to what?
le billet d'avion aller-retour	round-trip plane ticket
un bon moyen	a good way
Il nous reste encore...	We still have . . .
la date limite de réservation	deadline for making reservations
trois semaines auparavant	three weeks beforehand
C'est tentant!	It's tempting!

Activités

A. **Vive les vacances!** Regardez la vidéo une première fois. Puis, arrêtez la vidéo et regardez l'activité. Finalement, regardez la vidéo une seconde fois et indiquez si les phrases suivantes sont vraies (**V**) ou fausses (**F**).

1. Paul a envie de visiter le Maroc.   **V   F**

2. Michel a déjà visité l'Afrique.   **V   F**

3. Pendant ses vacances en Italie, l'avion de Paul est arrivé à l'heure.   **V   F**

4. Paul n'a pas de photo de Giovanna.   **V   F**

5. Paul aime marchander.   **V   F**

6. Le prix inclut le billet aller-retour, un hôtel confortable et deux repas par jour. **V   F**

7. Paul va avoir besoin de vaccinations et d'un visa.   **V   F**

8. Il reste beaucoup de choix pour la fin juillet et le début août.   **V   F**

B. **Dans les souks.** Vous êtes dans les souks et vous marchandez. Transcrivez votre conversation avec un vendeur marocain.

_____

_____

_____

_____

_____

C. **Une carte postale.** Écrivez la carte postale que Paul envoie (*sends*) à Michel pendant son voyage au Maroc.

_____

_____

_____

_____

_____

Pot-pourri culturel

Le Maghreb: Cette région d'Afrique du Nord comprend l'Algérie, le Maroc et la Tunisie. Dans ces pays, on parle français et aussi arabe. La France garde (*keeps*) toujours des liens (*ties*) économiques et culturels avec ces pays depuis leur indépendance. Les Maghrébins représentent la majorité des travailleurs immigrés en France. Ils sont parfois victimes de racisme, surtout en période de crise économique.

CHAPITRE NEUF

Bonnes nouvelles

Étude de vocabulaire

A. **La communication.** Écoutez la description des activités. Pour chaque activité, indiquez le dessin correspondant.

> Before you start, review the vocabulary you need to name the items in the sketches.

MODÈLE: Je veux acheter un *Paris Match*. Où est-ce que je vais? →

a.  b.  c.

Tu vas au kiosque.

1. a.  b.  c.

2. a.  b.  c.

3. a.  b.  c.

4. a.  b.  c.

5. a.  b.  c.

6. a.  b. (PETITES ANNONCES newspaper) c. (stamps)

(Les réponses se trouvent en appendice.)

B. **Allo Ciné.** Comment trouver le film que vous voulez voir à Paris? Écoutez la publicité, et décidez si les phrases suivantes sont vraies (**V**) ou fausses (**F**).

SCHWARZIE À 20H OU BERGMAN À 21 H?

Allo Ciné
01 40 30 20 10
Le numéro qui vous dit où et quand se joue votre film.

Vrai ou faux?

1. Allo Ciné vous permet de trouver les films projetés à la télévision en région parisienne.   **V**   **F**

2. Il suffit de téléphoner.   **V**   **F**

3. On ne peut pas téléphoner après minuit.   **V**   **F**

4. Les lignes d'Allo Ciné ne sont jamais occupées.   **V**   **F**

5. L'appel (*phone call*) ne coûte pas plus qu'un appel normal.   **V**   **F**

(Les réponses se trouvent en appendice.)

C. **Les nouvelles technologies.** Écoutez les expressions suivantes avant de commencer cet exercice.

a. _____ le pager   d. _____ le magnétoscope

b. _____ le caméscope   e. _____ la boîte vocale

c. _____ le courrier électronique   f. _____ le cellulaire

Maintenant, écoutez les publicités (*commercials*) suivantes et devinez ce à quoi elles font allusion. Mettez le numéro de la description devant le terme correspondant.

(Les réponses se trouvent en appendice.)

D. **L'art de communiquer.** Écoutez les questions suivantes, et donnez une réponse logique. Faites attention aux mots de vocabulaire sur le dessin ci-dessous.

> Answer with a form of **dire**, **lire**, or **écrire**. Your answers don't need to match the suggested ones exactly.

MODÈLE: Le matin, qu'est-ce que le vendeur dit à son client? → Il dit bonjour.

1. ...   2. ...   3. ...   4. ...   5. ...   6. ...

Voix francophones

J'étais paniquée... Annie Ernaux, romancière (*novelist*) française, décrit sa réaction à la publication de son premier livre. Complétez les phrases suivantes en choisissant **a, b** ou **c.** 🔊🏠

En 1964, Annie Ernaux a envoyé le manuscrit de son premier roman (*novel*) à une maison d'édition à Paris—Les Éditions du Seuil...

1. Quand elle a envoyé son premier manuscrit, Annie Ernaux avait _____.

   a. 22 ans

   b. 29 ans

   c. 32 ans

2. Son premier manuscrit a été _____.

   a. accepté

   b. refusé

   c. réécrit

3. Gallimard, Grasset et Flammarion sont des _____ à Paris.

   a. grands magasins

   b. écrivains célèbres

   c. maisons d'édition

4. Un manuscrit d'Ernaux _____.

   a. a été accepté plus de 10 ans plus tard

   b. n'a jamais été accepté

   c. a été accepté 2 mois et demi plus tard

5. Sa première réaction a été _____.

   a. la joie

   b. la panique

   c. le bonheur

6. Sa vie allait changer parce qu' _____.

   a. elle allait beaucoup travailler

   b. elle allait abandonner sa carrière d'écrivain

   c. elle allait continuer à exposer sa vie

7. Annie Ernaux croit qu'on écrit _____.

   a. pour l'argent

   b. pour être

   c. pour être aimé

(Les réponses se trouvent en appendice.)

Étude de grammaire

32. The *imparfait*

DESCRIBING THE PAST

A.   L'enfance de ma grand-mère. Écoutez Mme Chabot, et indiquez sur la liste qui suit les activités qu'elle mentionne. ⬛🔊

Ma grand-mère... _____.

_____ voyait des amis	_____ s'occupait de ses frères et sœurs
___ allait à l'école	_____ jouait dans la rue
_____ n'avait pas beaucoup d'argent	_____ plantait dans le jardin
_____ aidait ses parents	_____ lisait beaucoup
_____ habitait à la campagne	_____ écoutait la radio
_____ faisait le ménage	

(Les réponses se trouvent en appendice.)

Maintenant, répondez par écrit aux questions suivantes. 🛑 ⬛🔊

1.   Nommez deux activités mentionnées par Mme Chabot qui *ne sont pas* sur la liste.

_____

_____

2.   Nommez deux choses que *vous* faisiez quand vous étiez enfant et que Mme Chabot ne faisait pas.

_____

_____

B. **Mon enfance.** Regardez un moment les dessins ci-dessous. (STOP) Vous êtes un musicien célèbre. Vous répondez aux questions d'un reporter. Basez vos réponses sur les dessins.

C. **Quand vous aviez treize ans...** Écoutez la question et la réponse d'une étudiante. Ensuite, donnez une réponse personnelle.

1. ...   2. ...   3. ...   4. ...   5. ...

33. Direct Object Pronouns

SPEAKING SUCCINCTLY

A. **Personnes et objets.** Écoutez les phrases et encerclez la lettre correspondant à l'objet ou à la personne indiqués. 🎧

1. (a.) les informations   b. ma mère

2. a. ma voiture   b. mes devoirs

3. a. les cartes postales   b. la dissertation de sciences po

4. a. la télé   b. le répondeur téléphonique

5. a. les timbres   b. le journal

6. a. mon piano   b. mes petits chats

7. a. notre voisine d'à côté   b. le facteur (*letter carrier*)

(Les réponses se trouvent en appendice.)

B. **Ma patronne** (*boss*). Éric parle du travail qu'il est obligé de faire au bureau. Complétez les phrases d'Éric selon le modèle.

> MODÈLE: Elle me dit d'écrire ces lettres... → et je les écris.

1. ...   2. ...   3. ...   4. ...   5. ...

C. **Coup de téléphone** (*Phone call*). Écoutez la conversation d'Odile en regardant le texte ci-dessous. Ensuite, écoutez-la encore une fois en complétant tous les verbes que vous entendez. 🎧

Allô, Brigitte? Oui, c'est moi... Oui, oui, ça va... mais cet

après-midi _____[1] mes clés (*f. pl.*)

pendant une heure... Oui, je _____ finalement

_____[2]—c'est incroyable—derrière le sofa et à

côte d'une pile de magazines. C'est que ce matin, mes clés _____[3] près du

téléphone. Je _____[4] sur ma table de nuit hier soir, j'en suis certaine. Mais,

vers onze heures, Gérard _____[5] pour nous inviter à déjeuner. Comme

Monique _____,[6] je _____[7] avec moi.

    Elles _____[8] tomber quand les deux chiens des voisins

_____[9] dans l'appartement. Tu ne comprends toujours pas? ...eh bien... tu

as encore un moment? Je peux t'expliquer le reste...

(Les réponses se trouvent en appendice.)

D. **Ma tante est trop curieuse.** Écoutez les questions et répondez, en reprenant chaque fois sa deuxième question.

> MODÈLE: C'est la motocyclette de Richard? Il ne l'a pas prise? → Non, il ne l'a pas prise.

1. ...   2. ...   3. ...   4. ...   5. ...

34. Indirect Object Pronouns

SPEAKING SUCCINCTLY

A. À qui donnes-tu... ? Marc quitte son travail. Avant de partir, il donne ou prête certains articles à ses collègues. Écoutez la description et rattachez avec un trait l'objet à la personne.

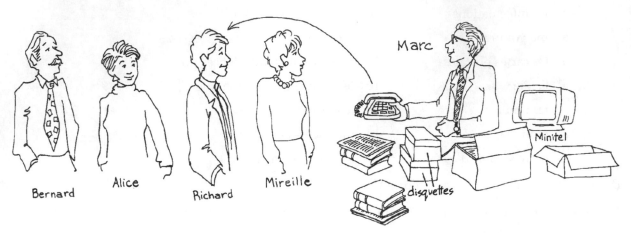

MODÈLE: Marc donne son téléphone à Richard.

1. ...   2. ...   3. ...   4. ...   5. ...

Maintenant, répondez aux questions posées, selon le dessin que vous avez marqué. Suivez le modèle.

MODÈLE: Qu'est-ce que Marc a donné à Richard?   →   Il lui a donné son téléphone.

1. ...   2. ...   3. ...   4. ...   5. ...

B. Un ordinateur à vendre. Aimée raconte l'histoire d'une amie, Sonya, qui essayait de vendre son ordinateur. Écoutez l'histoire, en encerclant **V** (*vrai*) ou **F** (*faux*).

Ordinateur à vendre

Amstrad

un lecteur de disquettes

64K de RAM

Utilisable comme Minitel «intelligent»

Vrai ou faux?

1.   Sonya voulait vendre son ordinateur parce qu'il avait trop de mémoire.   **V**   **F**

2.   La petite annonce de Sonya a attiré trois ou quatre acheteurs.   **V**   **F**

3.   Sonya n'a pas eu beaucoup de succès.   **V**   **F**

4.   Aimée a pu lui donner un conseil utile.   **V**   **F**

5.   Sonya ne va probablement pas acheter de nouvel ordinateur.   **V**   **F**

(Les réponses se trouvent en appendice.)

C. **Reconstitution.** Écoutez ces lignes tirées (*taken*) de l'histoire ci-dessus et la question correspondante. Répondez selon le modèle.

MODÈLE: «Sonya a mis cette petite annonce dans le journal.» —Où est-ce qu'elle a mis la petite annonce? → Elle l'a mise dans le journal.

1. ...   2. ...   3. ...   4. ...   5. ...

35. The Verbs *voir* and *croire*

EXPRESSING OBSERVATIONS AND BELIEFS

Une rencontre fantastique. Écoutez l'histoire suivante en regardant le dessin.

Un soir, dans son chalet en montagne, Jean-Paul a une expérience terrifiante.

Maintenant, écoutez les questions suivantes. Encerclez la lettre qui accompagne la réponse correcte, selon l'histoire de Jean-Paul.

1. a. Les étoiles (*stars*) et les planètes.

   b. Des jumelles (*binoculars*).

   c. Des extraterrestres.

2. a. Un vélo.

   b. Des fenêtres.

   c. Deux créatures.

3. a. Oui, il en croit ses yeux.

   b. Non, il n'en croit pas ses yeux.

   c. Ce sont des voisins qui descendent.

4. a. Les extraterrestres.

   b. Les voisins.

   c. Les étoiles.

5. a. Oui, toujours.

   b. Non, généralement pas.

   c. Ses parents ont raconté certaines histoires.

6. a. Non, probablement pas.

   b. Oui, on va croire à son histoire.

   c. Oui, cela arrive souvent.

(Les réponses se trouvent en appendice.)

Étude de prononciation

Les voyelles orales

A. Répétez les phrases suivantes. Faites attention aux voyelles soulignées (*underlined*).

[a]   C'est un ami de madame.
[ɛ]   J'aime cette fenêtre.
[e]   Écoutez, répétez.
[i]   Yves dîne ici.
[ɔ]   C'est un objet normal.
[o]   Voilà beaucoup d'hôtels.
[u]   C'est une ouverture au tourisme.
[y]   Cette musique est utile.
[œ]   Ce chanteur ne mange pas de bœuf.
[ø]   Eugénie étudie le neutron.

B. Répétez les mots suivants. Soulignez la ou les lettre(s) correspondant à la voyelle indiquée.

   MODÈLE: [ɛ] mais, treize, très

   1.   [ø]   œufs, peu, deux
   2.   [œ]   jeune, professeur, heure
   3.   [u]   courage, amour, août
   4.   [y]   rue, université, aventure

(Les réponses se trouvent en appendice.)

C. Répétez les phrases suivantes. Faites attention aux voyelles soulignées.

   • On arrive à Madagascar le vingt-deux novembre? À quelle heure?
   • Vous avez quelque chose de formidable: un safari-photo de quatre jours.
   • Dites-moi encore. Où retrouvons-nous le bateau?

D. **Dictée.** Écoutez Dominique qui raconte des souvenirs de son enfance. Ensuite, écoutez une deuxième fois, et complétez le passage par écrit.

Les souvenirs les plus agréables _____[1] correspondent sans aucun

doute à _____[2] en Bretagne

_____.[3] Alors que

_____[4]

toute l'année, _____[5] à

la mer au bord d' _____[6] de quatre

kilomètres. _____[7] vraiment le rêve! _____[8]

mes journées (*days*) sur la plage à _____,[9]

à pêcher (*fishing*), à me baigner (*swimming*), à faire des châteaux de sable (*sand*), etc. Ces vacances

_____[10] tellement _____[11] du reste de

l'année que _____[12] je ne vais _____.[13]

(Les réponses se trouvent en appendice.)

Prenez l'écoute!

A. **Interview avec une graphologue** (*handwriting analyst*). Martine Declève, membre de l'Association des Graphologues, répond aux questions d'un reporter. Écoutez leur conversation en encerclant **V** ou **F.**

Vrai ou faux?

1. Martine travaille comme graphologue indépendante.   V   F

2. La graphologie mesure uniquement les capacités techniques des candidats.   V   F

3. En France, les demandes d'emploi (*job applications*) sont généralement tapées à la machine.   V   F

4. Martine est très occupée parce que beaucoup de chômeurs (*unemployed people*) ont trouvé du travail.   V   F

5. Le client de Martine ne comprenait pas pourquoi il n'avait pas de succès.   V   F

6. Le client de Martine était un grand idéaliste.   V   F

7. En général, les employeurs prennent les opinions des graphologues très au sérieux.   V   F

(Les réponses se trouvent en appendice.)

B. **Un entretien avec... Georges Oger.** Georges Oger a 30 ans. C'est un homme d'affaires qui travaille à Fès, au Maroc.

Écoutez les questions de l'interviewer et la réponse de Georges. Puis, faites l'activité qui suit.

Vrai ou faux?

1. Georges utilise régulièrement un ordinateur.   V   F

2. Il trouve que l'ordinateur est très utile pour son travail.   V   F

3. L'ordinateur lui sert à compiler des données statistiques.   V   F

4. Georges a le courrier électronique chez lui.   V   F

(Les réponses se trouvent en appendice.)

En situation

A. Coup de fil. Écoutez deux fois la conversation suivante, en faisant attention aux expressions utilisées pour parler au téléphone. Ensuite, faites les activités B et C.

Caroline Périllat a terminé ses études à l'École Internationale d'hôtesses de Paris et elle vient de trouver son premier job. Elle téléphone à sa sœur Stéphanie, qui étudie au Sénégal, pour lui annoncer la bonne nouvelle. Ici, Caroline passe un coup de fil.°

passe... makes a phone call

CAROLINE:	Allô? Bonjour, c'est bien l'Institut de Tourisme?
LA STANDARDISTE°:	Oui, c'est bien ça.
CAROLINE:	Est-ce que je pourrais parler à Stéphanie Périllat, s'il vous plaît?
LA STANDARDISTE:	C'est de la part de qui?°
CAROLINE:	C'est de la part de Caroline Périllat, sa sœur.
LA STANDARDISTE:	Ne quittez pas, je vous la passe.°
CAROLINE:	Merci bien.

operator

C'est... Who may I say is calling?

Ne... Please hold, I'll transfer you to her.

[* * *]

CAROLINE:	Allô, Stéphanie? Devine! Je viens de décrocher° mon premier boulot.°
STÉPHANIE:	C'est génial°! C'est quoi comme boulot?°
CAROLINE:	Je suis chargée de l'accueil des vedettes.°

to land / job (fam.)

great / C'est... What kind of job is it?

chargée... responsible for welcoming the movie stars

[* * *]

STÉPHANIE:	Eh bien, félicitations°! Mais, écoute, je dois te quitter... Je te rappelle demain soir, d'accord?
CAROLINE:	OK. Je t'embrasse.° Dis bonjour aux parents de ma part. À demain!

congratulations

Je... A big kiss.

B. Qu'est-ce qu'on dit... au téléphone? Vous parlez au téléphone. Écoutez et choisissez des réactions appropriées dans la liste ci-dessous. (STOP)

Un moment, ne quittez pas.	Allô, j'écoute.
Qui est à l'appareil?	Pourriez-vous rappeler plus tard?
À qui voulez-vous parler?	Voulez-vous attendre?
C'est de la part de...	C'est bien le 03–30–40–00–40?

MODÈLE: Le téléphone sonne; vous décrochez. Que dites-vous? → Allô, j'écoute.

1. ...   2. ...   3. ...   4. ...   5. ...   6. ...

C. Impromptu. Écoutez attentivement l'échange suivant basé sur le dialogue d'**En situation.**
Puis, écoutez une deuxième fois et écrivez les expressions qui manquent.

LE PÈRE: Allô? _____[1] l'École Internationale d'hôtesses?

LA STANDARDISTE: _____.[2]

LE PÈRE: Est-ce que _____[3] Caroline

Périllat, s'il vous plaît?

LA STANDARDISTE: _____[4]?

LE PÈRE: C'est _____[5] Michel Périllat,

_____.[6]

LA STANDARDISTE: _____,[7] je vous la _____.[8]

LE PÈRE: Merci _____,[9] Madame.

[* * *]

CAROLINE: Salut, Papa! _____[10]?

LE PÈRE: Ah oui, oui, bien sûr! Stéphanie nous a raconté ta _____.[11]

Je voulais juste te féliciter...

(Les réponses se trouvent en appendice.)

Maintenant, écoutez une troisième fois les propos de M. Périllat, et répondez à la place de la
standardiste.

1. ... 2. ... 3. ...

Regardons!

La télévision: pour ou contre?

Présentation

Bénédicte, Michel, and Paul discuss the
pros and cons of television. Paul tries to
defend his position, but can he convince
his friends?

Vocabulaire utile

Quoi de neuf?	What's new?
certaines chaînes	certain channels
néfaste	harmful
le manque de communication	lack of communication
de plus en plus de temps	more and more time
le petit écran	television (the small screen)
un moyen	way
se distraire	to be entertained
Les gens feraient mieux...	People would be better off . . .
les feuilletons	daily or weekly shows
un esclave	slave
J'ai rendez-vous...	I have an appointment . . .

Activités

A. **Le petit écran.** Est-ce que c'est Bénédicte (**B**), Paul (**P**) ou Michel (**M**) qui parle?

1. _____ «J'aime bien. Il y a des programmes éducatifs et culturels.»

2. _____ «Je pense que la télé est néfaste.»

3. _____ «Les enfants passent de plus en plus de temps devant le petit écran.»

4. _____ «C'est un moyen de s'informer et de se distraire.»

5. _____ «Moi, j'avoue, je la regarde mais je sélectionne les programmes.»

B. **Opinions diverses.** Trouvez la bonne réponse.

1. Paul est en train de chercher _____.
   a. une adresse
   b. l'heure d'un programme
   c. le nom d'une actrice

2. Michel pense qu'il y a des programmes éducatifs et culturels _____.
   a. seulement à certaines heures
   b. sur toutes les chaînes
   c. trop souvent

3. Selon Bénédicte, les gens feraient mieux de _____.
   a. sortir avec des amis
   b. lire
   c. faire de l'exercice

4. Paul aime les programmes comme _____.
   a. les films et les dessins animés
   b. les feuilletons et les émissions sportives
   c. les nouvelles et les publicités

5. Paul a rendez-vous avec la télé pour _____.
   a. un programme culturel
   b. un feuilleton
   c. un match de foot

C. **À vous!** Discutez de la question suivante. Pensez-vous, comme Bénédicte, qu'il y a trop de violence à la télévision? Pourquoi? Donnez des exemples et suggérez des solutions.

_____

_____

_____

_____

_____

_____

_____

_____

Pot-pourri culturel

Les chaînes de télévision en France sont beaucoup moins nombreuses qu'aux États-Unis, et la majorité ne continuent pas leurs programmes pendant la nuit. Les chaînes principales sont TF1, France 2, France 3, la Cinquième, ARTE et la 6. Il y a aussi quelques chaînes câblées payantes et d'autres chaînes européennes. Par exemple, on peut obtenir dans le pays basque les chaînes espagnoles, en Alsace et en Lorraine les chaînes allemandes et luxembourgeoises, et un peu plus au sud celles de Suisse et d'Italie. Les films, les feuilletons et les jeux sont toujours les émissions les plus populaires.

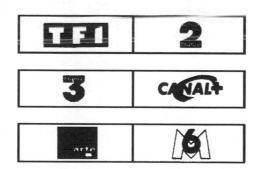

CHAPITRE DIX

La vie urbaine

Étude de vocabulaire

A. Dans une petite ville. Regardez le plan de ville ci-dessous. 🛑 Maintenant, écoutez les descriptions, et donnez le nom du lieu.

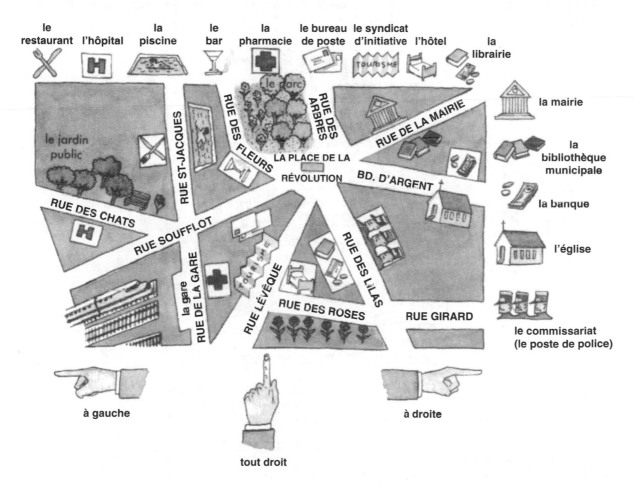

MODÈLE: C'est l'endroit où on va pour prendre le train. → C'est la gare.

1. …   2. …   3. …   4. …   5. …   6. …

B. **Le bon chemin.** Vous vous promenez dans la petite ville ci-dessus. Écoutez les instructions. Tracez la route sur la carte et indiquez où vous arrivez.

> MODÈLE: Vous êtes au bureau de poste, rue Soufflot. Tournez à gauche. Tournez à droite dans la rue St-Jacques. Continuez tout droit. Regardez le bâtiment à votre droite. Où êtes-vous? → ___✔___ à la piscine

1. _____ à la gare   _____ au parc

2. _____ au jardin public   _____ à l'hôtel

3. _____ à la banque   _____ à l'hôtel

4. _____ à l'église   _____ à la mairie

(Les réponses se trouvent en appendice.)

C. **Un peu de démographie.** Voici la liste des neuf agglomérations (=régions urbanisées) les plus importantes de France. Tracez un cercle sur la carte de France autour des agglomérations qui figurent sur la liste ci-dessous. (STOP)

AGGLOMÉRATION	POPULATION (HABITANTS) (RECENSEMENT 1990)
1. Paris	9 318 821
2. Lyon (-St-Étienne-Grenoble)	1 980 294
3. Marseille (-Aix-en-Provence)	1 354 778
4. Lille (-Roubaix-Tourcoing)	1 229 122
5. Bordeaux	696 364
6. Nancy (-Metz-Thionville)	654 977
7. Toulouse	650 336
8. Nantes (-St-Nazaire)	627 589
9. Nice (+banlieue)	516 740

Maintenant, écoutez les questions, et cherchez la réponse sur la liste.

> Answer using ordinal numbers: **(la) première,**
> **(la) deuxième, (la) troisième**, etc.

MODÈLE: Est-ce que Lyon est plus important que Marseille? →
Oui, Lyon est la deuxième ville française. Marseille est la troisième.

1. ... 2. ... 3. ... 4. ... 5. ...

D. Paris-centre. Regardez le plan et la légende ci-dessous. 🛑 Maintenant, écoutez les questions et répondez selon le modèle. Cet endroit est-il *dans l'île de la Cité, sur la rive gauche* ou *sur la rive droite*? Qu'est-ce que c'est?

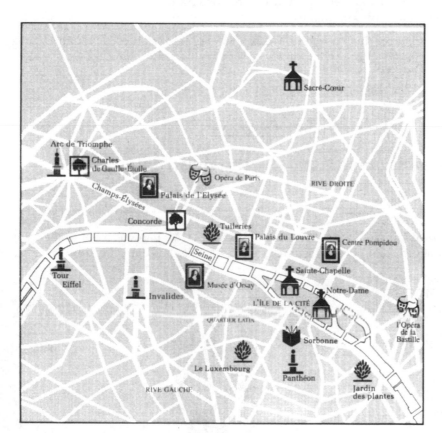

l'église

le musée

la place

le monument

le jardin

une université

un théâtre

MODÈLE: Où se trouve la Sainte-Chapelle? Qu'est-ce que c'est? →
Dans l'île de la Cité. C'est une église.

1. ... 2. ... 3. ... 4. ... 5. ... 6. ... 7. ...

E. Et vous? Quelle est l'attitude des étudiants envers les villes? Écoutez la question et les réponses de deux camarades, puis répondez vous-même.

1. ... 2. ... 3. ... 4. ... 5. ...

Voix francophones

Deux villes des Pyrénées françaises. Yves Charrier, qui est né à Pau, nous décrit deux villes qu'il aime. Encerclez **V** ou **F** en écoutant sa description.

Vrai ou faux?

1. Yves aime toujours la ville où il est né.   **V**   **F**

2. Selon lui, les rues de Pau sont tranquilles et sans beaucoup d'activité.   **V**   **F**

3. Si on habite Pau, on peut participer à une variété d'activités de plein air.   **V**   **F**

4. À Toulouse, il y a beaucoup à faire.   **V**   **F**

5. Yves apprécie surtout l'aspect moderne des villes françaises qu'il aime.   **V**   **F**

6. Yves trouve que Paris et la province (=régions françaises hors de Paris)   **V**   **F**
   sont de plus en plus similaires.

7. Les deux heures de pause pour le déjeuner sont importantes partout en France.   **V**   **F**

(Les réponses se trouvent en appendice.)

Étude de grammaire

36. The *passé composé* versus the *imparfait*

DESCRIBING PAST EVENTS

A. **Une traversée mouvementée** (*eventful crossing*). Hier, M. Laroche avait rendez-vous en ville avec un ami. D'abord, écoutez son histoire et mettez les dessins dans l'ordre correct (#1 → #5).

une marchande de fleurs

renverser
(knock down)

rentrer dans
(collide with)

rencontrer
(meet up with)

arriver

mettre les pieds
(step into)

(Les réponses se trouvent en appendice.)

Maintenant, répondez aux questions suivantes selon l'histoire ci-dessus.

> MODÈLE: M. Laroche a dû traverser le boulevard. Qu'est-ce qu'il a fait d'abord? →
> Il a mis les pieds dans la rue.

1. ...   2. ...   3. ...   4. ...   5. ...   6. ...

B.   Le premier jour de mes vacances. Écoutez l'histoire suivante. Pensez à la mettre au passé.

Vendredi, je <u>quitte</u> le travail à midi, parce que j'<u>ai</u> des courses à faire. Je <u>descends</u> dans les rues de la ville. Il <u>fait</u> beau et chaud. Les magasins <u>sont</u> pleins de jolies choses. Les autres clients <u>ont</u> aussi l'air heureux.
J'<u>achète</u> des cartes routières (*road maps*) et un chapeau très drôle. J'<u>oublie</u> de faire mes autres courses. Avant de rentrer faire mes valises, je <u>prends</u> une limonade dans un café très sympa.

Maintenant, écoutez les phrases de l'histoire et mettez les verbes au passé composé *ou* à l'imparfait, selon le cas.

> MODÈLE: Vendredi, je quitte le travail à midi... → Vendredi, j'ai quitté le travail à midi...

1. ...   2. ...   3. ...   4. ...   5. ...   6. ...   7. ...   8. ...

C.   La liberté. Écoutez l'anecdote suivante.

Maintenant, regardez les expressions suggérées ci-dessous et écrivez une *nouvelle* histoire sur le même modèle.

1.   hier soir / je / regarder / bon film / quand...

   _____

   _____

2.   ce / être...

   _____

   _____

3.   il (elle) / me / demander / de...

   _____

   _____

4.   je / lui répondre / que...

   _____

   _____

5.   tout(e) content(e) / il (elle) / me / inviter...

   _____

   _____

(Les réponses se trouvent en appendice.)

37. The Pronouns *y* and *en*

SPEAKING SUCCINCTLY

A. **Des touristes extraterrestres.** Vous accompagnez des extraterrestres qui visitent une ville française. Répondez à leurs questions en choisissant un des verbes suggérés: **acheter, écouter, étudier, manger.**

> MODÈLE: Qu'est-ce qu'on fait dans une boulangerie? → Eh bien, on y achète du pain.

1. ...   2. ...   3. ...   4. ...   5. ...

B. **Carine découvre sa ville.** La semaine dernière, Carine a décidé d'explorer sa ville. Écoutez l'histoire, et cochez tous les endroits qu'elle a visités. 🔊📻🎧

_____ le musée		_____ le jardin public
_____ la mairie		_____ la piscine
✔ le jardin zoologique		_____ le marché en plein air
_____ le vieux cimetière		_____ la banlieue
_____ la pâtisserie		_____ le restaurant

(Les réponses se trouvent en appendice.)

Maintenant, répondez aux questions suivantes en vous basant sur l'histoire. Utilisez le pronom **y** dans vos réponses.

> MODÈLE: La semaine dernière, Carine est-elle allée au vieux cimetière? →
>   Non, elle n'y est pas allée.

1. ...   2. ...   3. ...   4. ...   5. ...   6. ...

C. **Petit déjeuner en ville.** Écoutez les questions du serveur et répondez-lui. Utilisez le pronom **en** dans chaque réponse.

> Your answers don't need to match the suggested ones exactly.

> MODÈLES: Vous avez assez d'eau? → Oui, j'en ai assez.
>
>   Vous voulez deux ou trois petits pains? → J'en veux trois, s'il vous plaît.

1. ...   2. ...   3. ...   4. ...   5. ...   6. ...

D. **Un marché d'Abidjan.** Paul et Sara sont au marché en plein air. Écoutez leurs remarques, et encerclez **a** ou **b** selon la chose à laquelle (*to which*) ils se réfèrent.

1. (a.) des bananes	b.	à la plage
2. a. à ces statuettes	b.	de l'argent
3. a. deux masques	b.	une carte de la ville
4. a. des sandales	b.	du café
5. a. au marché	b.	à la marchande de fleurs
6. a. des danses locales	b.	à l'arrêt d'autobus

(Les réponses se trouvent en appendice.)

E. **Visite d'une ville.** Écoutez les questions et les réponses. Puis, répondez vous-même aux questions.

1. ...   2. ...   3. ...   4. ...

38. *Savoir* and *connaître*

SAYING WHAT AND WHOM YOU KNOW

A. **Désorientation.** Vous rentrez chez vous après une longue absence et un vol transatlantique. Vous êtes un peu désorienté(e). Écoutez les remarques de vos amis et encerclez **a** ou **b.**

1. (a.) Je ne sais pas.   b.   Je ne le connais pas.

2. a.   Je ne sais pas.   b.   Je ne le connais pas.

3. a.   Je ne sais pas.   b.   Je ne le connais pas.

4. a.   Je ne sais pas.   b.   Je ne le connais pas.

5. a.   Je ne sais pas.   b.   Je ne le connais pas.

(Les réponses se trouvent en appendice.)

B. **Les Jones visitent Paris.** Regardez ce couple de touristes américains et répondez aux questions en vous basant sur leur apparence.

      MODÈLE: Les Jones savent-ils où est le musée d'Orsay? → Non, ils ne savent pas où il est.

1. ...   2. ...   3. ...   4. ...   5. ...   6. ...

C. **Et vous?** Vous intéressez-vous à la science-fiction? Répondez à ces questions sur les films de Steven Spielberg. Utilisez **savoir** ou **connaître.**

      MODÈLE: Connaissez-vous les films de Steven Spielberg? →
              Oui, je les connais. *ou* Non, je ne les connais pas.

1. ...   2. ...   3. ...   4. ...   5. ...   6. ...

Étude de prononciation

Voyelles fermées et voyelles ouvertes

The "closed" French vowels [o], [e], and [ø] (in words such as p**o**t, all**é**e, and d**eu**x) are contrasted with the "open" vowels [ɔ], [ɛ], and [œ] (h**o**mme, b**e**lle, h**eu**re). Very generally speaking, *closed* vowels occur as the final vowels in a syllable (**été**); open vowels occur before a consonant + silent **e** (**tête**).

A. As you listen to the following words, write the symbol [o] next to the word containing a *closed* vowel and the symbol [ɔ] next to the word containing an *open* vowel.

     MODÈLE: beau [o]   note [ɔ]

1. robe [ ]   3. gros [ ]
2. chaud [ ]   4. poste [ ]

As you listen to the following words, write the symbol [ø] next to the word containing a *closed* vowel and the symbol [œ] next to the word containing an *open* vowel.

     MODÈLE: peu [ø]   peur [œ]

1. jeune [ ]   3. œufs [ ]
2. œuf [ ]   4. feu [ ]

As you listen to the following words, write the symbol [e] next to the word containing a *closed* vowel and the symbol [ɛ] next to the word containing an *open* vowel.

     MODÈLE: seize [ɛ]   blasé [e]

1. fraise [ ]   3. nez [ ]
2. parlé [ ]   4. tête [ ]

(Les réponses se trouvent en appendice.)

B. Écoutez le passage suivant. Ensuite, écoutez-le une deuxième fois, et répétez chaque phrase.

Quand il fais**ai**t b**eau**, / j'**ai**m**ai**s all**er** à la plage / pour f**ai**re du sp**o**rt / ou pour ch**er**ch**er** d**es** coquillages (*seashells*). / Quand il pl**eu**v**ai**t, / j'**ai**m**ai**s f**ai**re une pr**o**menade sur la plage / **au** ch**au**d dans m**es** b**o**ttes **et** mon pull, / **et** regard**er** la temp**ê**te!

C. Dictée. Écoutez Nathalie qui raconte une aventure du 14 juillet à Paris. Ensuite, écoutez une deuxième fois, et complétez le passage par écrit.

Pour _____1 dans notre _____,2 il faut

beaucoup de courage—moral et physique—et surtout si _____,3 le

_____4 de la Bastille en France. Ce jour-là, je _____5 dans

_____6 relativement tranquille quand _____7

une foule (*crowd*) qui approchait. Tous ces gens _____8 les grands

boulevards, site du défilé (*parade*) de _____.9

   Soudain, il y a eu une explosion sous le capot (*hood*) de ma voiture. J'ai réduit immédiatement

la vitesse, et j'ai arrêté (*stopped*) la voiture au bord de _____.10

_____11 finalement que _____12 en panne.

_____13 réparer le radiateur dans cette rue, au milieu d'un groupe

de _____14 qui n'arrêtaient pas de _____15 des commentaires

sarcastiques.

(Les réponses se trouvent en appendice.)

Prenez l'écoute!

A. **Une visite du musée d'Orsay.** Le musée d'Orsay est une ancienne gare de Paris transformée en musée d'art. Écoutez la conversation entre Henri et Nadine, qui projettent d'aller au musée. Notez très brièvement par écrit les réponses aux questions ci-dessous.

Musée d'Orsay petit guide

1. Quel jour? _____ **samedi** _____

2. À quelle heure? _____

3. Quel moyen de transport? _____

   Ligne? _____

4. Quelles œuvres (*works*) Henri peut-il voir? _____

5. Qu'est-ce qu'il ne peut pas voir? _____

6. Y a-t-il autre chose à faire dans ce musée? (Cochez [*Check off*] ce que vous entendez.)

   _____ Voir de la sculpture grecque et romaine?

   _____ Voir des cassettes vidéo éducatives?

   _____ Aller à un concert?

   _____ Faire de la peinture?

   _____ Acheter livres et reproductions?

   _____ Dîner le soir?

(Les réponses se trouvent en appendice.)

B. **Un entretien avec... Médoune Guèye.** Médoune Guèye est né à Dakar, au Sénégal. Il a 29 ans et travaille comme professeur de français.

Écoutez la question de l'interviewer et la réponse de Médoune. Puis, faites l'activité qui suit.

Vrai ou faux?

1. Médoune habite dans la ville de Dakar.   V   F
2. Dans la baie de Ngor, il y a une très belle île.   V   F
3. Tous les habitants participent à l'industrie touristique.   V   F
4. Tout le monde trouve ce site très pittoresque.   V   F

(Les réponses se trouvent en appendice.)

En situation

A. **Aventure en métro.** Écoutez deux fois la conversation suivante, en faisant attention à la manière dont les trois amis trouvent leur chemin dans le métro parisien. Puis, faites les activités B et C.

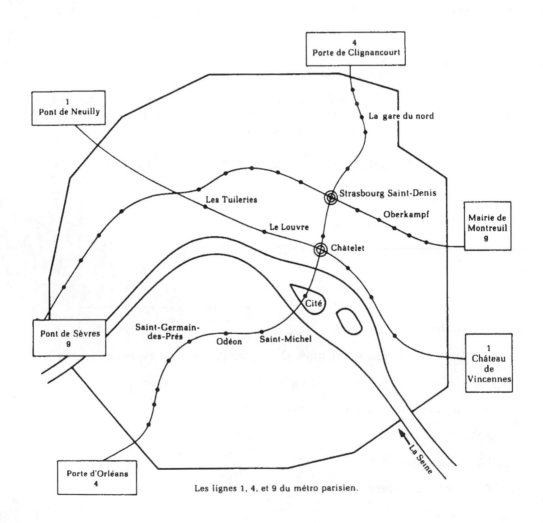

Les lignes 1, 4, et 9 du métro parisien.

Charles, un étudiant québécois, veut aller à l'École de Médecine, dans le Quartier latin, à Paris. Ici, ses amis Francis et Geneviève lui expliquent comment y aller en métro.

GENEVIÈVE: Charles, tu peux y aller en métro, à l'École de Médecine.

CHARLES: Oui, mais comment fait-on pour y aller?

GENEVIÈVE: Viens, on va regarder la carte: quelle est la station près de l'École?

CHARLES: Odéon.

FRANCIS: Bon, on est près d'Oberkampf.

GENEVIÈVE: Regarde la carte maintenant: comment fait-on pour aller d'Oberkampf à Odéon?

CHARLES: Heu... on va jusqu'à Strasbourg Saint-Denis, on change et on va jusqu'à Odéon.

GENEVIÈVE: Quand on va d'Oberkampf à Strasbourg Saint-Denis, on prend direction pont de Sèvres et...

CHARLES: Attends, j'ai tout compris. Et quand on va de Strasbourg Saint-Denis à Odéon, on prend direction porte d'Orléans. Super! Vous connaissez bien Paris maintenant.

GENEVIÈVE: Pas vraiment, mais on apprend vite!

B. Qu'est-ce qu'on dit... pour trouver la direction? Regardez avec attention le plan de métro ci-dessus (dans l'activité A). Écoutez votre situation et vérifiez votre direction, en traçant votre trajet (*trip*) sur le plan.

MODÈLE: Vous êtes à Châtelet. Vous voulez aller au Louvre. Quelle est votre direction? →
C'est pont de Neuilly.

1. ...   2. ...   3. ...   4. ...

C. Impromptu. Écoutez attentivement l'échange suivant basé sur le dialogue d'**En situation.** Puis, écoutez une deuxième fois et écrivez les expressions qui manquent.

CHARLES: Nous voici aux Tuileries. _____[1]

la gare du Nord?

GENEVIÈVE: Attends... regardons _____.[2] La gare du Nord,

_____[3]?

CHARLES: _____.[4] C'est direction porte de Clignancourt.

GENEVIÈVE: Voyons... d'abord, d'ici, _____[5] la direction château de

Vincennes. _____[6]?

CHARLES: On _____[7] la correspondance à Châtelet. Tu as des tickets?

GENEVIÈVE: Oui, _____[8] plusieurs. _____[9]?

(Les réponses se trouvent en appendice.)

Maintenant, écoutez encore une fois les questions de Charles ou de Geneviève, et répondez.

1. ...   2. ...   3. ...   4. ...

Regardons!

Comment aller à la gare

Présentation

Paul tries to give a woman directions to
the train station. Will she ever get there?

Vocabulaire utile

le chemin pour aller	the way to go
prendre la deuxième à gauche	to take the second left
tout droit jusqu'au deuxième feu	straight to the second stoplight
C'est à quelle distance?	How far is it?
environ	about
Vous continuez tout droit.	You keep going straight.
Vous ne pouvez pas la rater (*fam.*).	You can't miss it.
Mais laquelle?	But which one?
tourner	to turn
vers	toward
je vais être en retard...	I'm going to be late . . .
Je veux bien!	I'd like that!

Activités

A. Les directions. Regardez la vidéo deux fois et faites ensuite l'activité. Choisissez la bonne réponse.

1. La dame veut savoir le chemin pour aller _____.
   a. au bureau de poste
   b. à la bibliothèque
   c. à la gare

2. D'abord, elle doit prendre _____.
    a. la deuxième à gauche
    b. la quatrième à droite
    c. la première à droite

3. Elle doit marcher pendant _____.
    a. un quart d'heure
    b. cinq minutes
    c. une demi-heure

4. Si elle va tout droit, elle va aller vers _____.
    a. le marché
    b. le cinéma
    c. la banque

5. Elle va être en retard et _____ l'attend.
    a. sa cousine
    b. sa sœur
    c. son mari

B. Le sens de l'orientation. Regardez la vidéo une première fois pour le sens général. Regardez-la une deuxième fois et numérotez les phrases par ordre chronologique.

_____ a. «La gare n'est pas très loin d'ici.»

_____ b. «Vous êtes bien gentil.»

_____ c. «Vous allez prendre la deuxième à gauche.»

_____ d. «Vous pourriez répéter, s'il vous plaît?»

_____ e. «Vous ne pouvez pas la rater.»

_____ f. «Après, vous marchez pendant cinq minutes.»

_____ g. «Je peux vous accompagner.»

_____ h. «Environ cinq cent mètres.»

C. Pourriez-vous m'indiquer le chemin... ? Écrivez un court dialogue entre un(e) Parisien(ne) et un(e) touriste qui demande des directions.

_____

_____

_____

_____

_____

_____

_____

_____

_____

Pot-pourri culturel

Les arrondissements: Paris est divisé en vingt sections qu'on appelle **arrondissements.** Si vous suivez leur ordre sur une carte et allez du 1er arrondissement (le Louvre) au 2ème (la Bourse), etc., vous voyez qu'ils forment un escargot (*snail*).

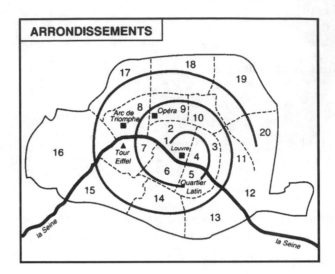

Le 16ème arrondissement est le quartier chic de Paris. Le Quartier latin, qui est le coin des étudiants, se trouve (*is found*) dans le 5ème et le 6ème arrondissements.

À Paris, au-dessus des noms des rues, on voit toujours le numéro de l'arrondissement. Par exemple, il y a un «8» sur le panneau (*sign*) indiquant l'avenue des Champs-Élysées.

Les départements: La France est divisée en 95 régions ou **départements,** numérotés par ordre alphabétique. Les plaques d'immatriculation (*license plates*) des voitures françaises indiquent toujours le département du véhicule. Paris, par exemple, est le 75.

CHAPITRE ONZE

Les arts

Étude de vocabulaire

A.   Époques. Écoutez la description, et écrivez le nom de la personne, du bâtiment ou du lieu à côté de l'époque associée.

MODÈLE: La tour Eiffel a été construite à Paris pour une grande exposition universelle. Cette exposition fêtait le 100ème anniversaire de la Révolution française. De quelle époque date la tour Eiffel?

1. ...   2. ...   3. ...   4. ...   5. ...   6. ...   7. ...

- l'époque romaine   _____   _____

- le Moyen Âge   _____   _____

- la Renaissance   _____   _____

- l'époque classique   _____   _____

- l'époque moderne   _____ **la tour Eiffel** _____   _____

(Les réponses se trouvent en appendice.)

B. **Une semaine culturelle.** Écoutez les dialogues et rattachez-les aux publicités qui leur correspondent. 🔊

a.

Africa blues

roman

Jean Rey

b.

Plus de 1 500 000

spectateurs
ont vu
le Zèbre et ...

Il court toujours.

Le Zèbre

un film de
JEAN POIRET

Le triomphe de l'humour.

c. ▬ PREMIERES 50 % DE REDUCTION DU 8 AU 13 SEPT ▬

BOUFFES PARISIENS

JEAN-CLAUDE BRIALY

CAROLINE   BERNARD
SIHOL   ALANE

La Jalousie
Sacha Guitry

EUROPE1 LOC 42 96 60 24

d.

10 septembre
17 octobre

La rencontre des deux

mondes vue par

les peintres

d'Haïti

ESPACE ELECTRA

6, rue Récamier
75007 Paris

Tous les jours
de 11 h 30 a 18 h 30
sauf le lundi et les jours fériés
entrée 10 F · tarifs réduits
tel 42 84 23 60
a partir de 12 h

e. EGLISE SAINT GERMAIN DES PRES
Mardi 22 septembre à 21h

VIVALDI Les Quatre
Saisons
Gerard JARRY, violon solo
ORCHESTRE Jean-François PAILLARD
Infos : 40 30 10 13 · FNACS · VIRGIN

1. _____   4. _____

2. _____   5. _____

3. _____

(Les réponses se trouvent en appendice.)

C. L'art de l'histoire. Écoutez les descriptions et associez chacune avec un des noms suivants. Donnez aussi le siècle associé. 🔊📼

> Christophe Colomb (v. 1451–1506)   Benjamin Franklin (1706–1790)
> Guillaume, le Conquérant (1027–1087)   Jeanne d'Arc (v. 1412–1431)
> Louis XIV (1638–1715)   François Mitterrand (1916–1996)
> Napoléon Bonaparte (1769–1821)   Louis Pasteur (1822–1895)

MODÈLE: C'était un roi très puissant (*powerful*) qui a fait construire le palais de Versailles. C'est lui qui disait: «L'État, c'est moi.» → C'est Louis XIV. Il est du dix-septième et du dix-huitième siècles.

1. ...   2. ...   3. ...   4. ...   5. ...   6. ...   7. ...

D. Christine et Alain, des étudiants mariés. Écoutez la description de leur vie, et encerclez **V** ou **F.** 🔊📼

Vrai ou faux?

1. Christine et Alain sont étudiants et vivent assez bien.   **V   F**

2. Christine aimerait devenir compositrice.   **V   F**

3. Alain fait de la musique électronique.   **V   F**

4. Le mardi, les jeunes mariés suivent tous les deux un cours d'histoire de l'art. **V   F**

5. Alain compte poursuivre une carrière dans l'enseignement (*teaching*).   **V   F**

6. Il est probable que Christine et Alain poursuivent leurs études encore quelques   **V   F**
    années.

(Les réponses se trouvent en appendice.)

E. Mes goûts artistiques. Donnez une réponse personnelle aux questions suivantes.

1. ...   2. ...   3. ...   4. ...   5. ...   6. ...

Voix francophones

Deux points de vue. Pierre Collet et Myriam Romain répondent à une question sur la vie culturelle française. Encerclez **V** ou **F** en écoutant leurs réponses respectives. 🔊📼

Voici la question: À votre avis, est-ce que le gouvernement participe suffisamment au développement de la vie culturelle en France?

Vrai ou faux?

À l'avis de Pierre Collet,

1. Tous les gouvernements français récents ont fait un gros effort en ce qui concerne   **V   F**
    (*regarding*) le développement culturel du pays.

2. Cet effort a surtout commencé après la Première Guerre (*war*) mondiale.   **V   F**

3. Avant la Deuxième Guerre mondiale, le gouvernement devait s'occuper des   **V   F**
    problèmes sociaux.

4. De nos jours, le gouvernement n'aide plus les arts parce que le public est déjà très **V   F**
    motivé.

À l'avis de Myriam Romain,

5. L'intervention du gouvernement français dans les arts est pleinement suffisante.　　V　F

6. La pyramide du musée du Louvre, par exemple, n'a été bâtie que pour la gloire du ministre de la Culture.　　V　F

7. Ce sont les enfants à l'école, les téléspectateurs et les troupes locales qui ont le plus besoin d'aide.　　V　F

8. Myriam est plutôt sceptique.　　V　F

(Les réponses se trouvent en appendice.)

Étude de grammaire

39. Stressed Pronouns

EMPHASIZING AND CLARIFYING

A. **Panne d'électricité** (*Power outage*). Il y a une panne d'électricité dans la galerie d'art. Ces personnes essaient de se retrouver dans l'obscurité. Répondez selon le modèle.

    MODÈLE:　C'est M. Legrand?　→　Oui, c'est lui.

    1. ...　2. ...　3. ...　4. ...　5. ...

B. **Incrédulité.** Ce que vous entendez vous surprend. Réagissez en vous basant sur les modèles.

    MODÈLES:　Jean parle de vous et de Charles.　→　Il parle de nous?

                 Jean va chez les Legrand.　→　Il va chez eux?

    1. ...　2. ...　3. ...　4. ...　5. ...　6. ...

C. **Un week-end libre.** Qu'est-ce que vous allez faire ce week-end? Utilisez un pronom disjoint (*stressed pronoun*) dans chaque réponse.

> The answers given are sample answers only.

    MODÈLE:　Qu'est-ce que vous allez faire vendredi soir?　→　Moi, je ne sais pas encore.

    1. ...　2. ...　3. ...　4. ...　5. ...

40. Using Double Object Pronouns

SPEAKING SUCCINCTLY

A. **Confrontations.** Avec quelle image va chaque situation? Mettez la lettre correspondante ci-dessous.

a.

b.

c.

d.

e.

1. _____   4. _____

2. _____   5. _____

3. _____

(Les réponses se trouvent en appendice.)

B. **Ordres.** Répétez les ordres du prof selon les modèles.

> MODÈLES: Lisez ce paragraphe! → Lisez-le!
>
> Ne parlez pas à vos camarades! → Ne leur parlez pas!

1. ...   2. ...   3. ...   4. ...   5. ...   6. ...

C. **Après le spectacle.** Vous dînez avec Bertrand Dupic, un ami. Réagissez aux instructions que vous entendez.

> MODÈLE: Demandez à votre ami de vous passer le sel. → Passe-moi le sel, s'il te plaît.

1. ...   2. ...   3. ...   4. ...   5. ...

41. Prepositions After Verbs

EXPRESSING ACTIONS

Un week-end idéal. Écoutez Paule qui vous parle de ses week-ends. Tout en écoutant, regardez l'exercice qui suit.

Écoutez l'histoire de Paule une deuxième fois. Puis, arrêtez la bande et terminez les phrases suivantes en vous basant sur *votre propre expérience*.

1. En général, le week-end, j'essaie _____

   et j'aime _____ .

2. Quand on essaie de me pousser à faire quelque chose, je _____ .

3. Le week-end passé, j'ai choisi _____ .

4. Ce week-end, j'espère _____ .

5. Certains dimanches, on m'empêche _____ .

6. Un soir, j'ai finalement réussi _____ .

42. Adverbs

DESCRIBING ACTIONS

A. **Une fable traditionnelle.** Voici une course à pied (*footrace*) très célèbre. Écoutez la présentation deux fois et indiquez si les expressions suivantes décrivent **le lièvre** (*hare*) (**L**) ou **la tortue** (**T**).

   Nous assistons aujourd'hui à une course tout à fait spéciale. Elle est bien sûr télévisée. Écoutons le speaker...

1. __L__ prend rapidement la tête (*the lead*)
2. _____ avance lentement
3. _____ avance à une vitesse incroyable
4. _____ s'arrête tout à coup
5. _____ ne se dépêche que doucement
6. _____ s'installe confortablement sous un arbre
7. _____ a gagné sans difficulté
8. _____ dort
9. _____ essaie désespérément de rattraper son retard
10. _____ continue imperceptiblement sur la piste (*track*)

(Les réponses se trouvent en appendice.)

Maintenant, écoutez parler le lièvre, et donnez la réaction de la tortue.

> MODÈLE: Chez nous, on s'amuse beaucoup. (assez) → Chez nous, on s'amuse assez.

1. (doucement)   3. (rarement)   5. (modestement)
2. (calmement)   4. (très peu)

B. **Comportements.** Voici des questions sur votre manière de faire certaines choses. Utilisez un adverbe dans chaque réponse.

1. ... 2. ... 3. ... 4. ...

Étude de prononciation

Les voyelles nasales [ɑ̃], [ɔ̃] et [ɛ̃]

A. **Les voyelles nasales [ɑ̃], [ɔ̃] et [ɛ̃].** Répétez les sons et les exemples suivants.

- [ɑ̃] da**ns** l**am**pe t**en**te ex**em**ple
- [ɔ̃] s**on** c**om**bien réacti**on** b**on**b**on**
- [ɛ̃] **un** mat**in** v**in**gt s**ym**pathique bi**en** tr**ain** f**aim** pl**ein**

B. Répétez les mots suivants. Faites bien le contraste entre les voyelles nasales et les voyelles non nasales.

[ɑ̃] dans Jean roman bande
[a] Anne Jeanne romane banane
[ɔ̃] bon nom pardon comptez
[ɔ] bonne nomme donner comme
[ɛ̃] italien saint train vin
[ɛ] italienne Seine traîne vaine

C. **Dictée. L'invention des patins à roulettes.** Écoutez cette histoire vraie. Ensuite, écoutez une deuxième fois, et complétez le passage par écrit. 🎧

_____1 les patins à roulettes on été inventés en Belgique

_____2? En 1759, Joseph Merlin, un artisan qui fabriquait

_____,3 a inventé les patins à roulettes. Ils

_____,4 construits _____5 des

patins à glace. Ces patins _____6 deux roulettes chacun

(*each*); ils étaient faits pour s'attacher aux _____7 du patineur.

    Joseph Merlin _____8 aussi un très bon violoniste.

_____9 du violon _____,10 et en particulier,

dans les grands bals costumés. _____,11 pour faire une entrée spectaculaire, Merlin

_____12 traverser une salle de bal en patinant et en jouant du violon en même

temps. _____,13 mais—horreur!—_____14

à temps, et _____15 dans un grand miroir. Joseph a cassé le

miroir, les patins et—hélas!—son beau violon. Les patins à roulettes de Joseph Merlin

_____16 perfectionnés.

(Les réponses se trouvent en appendice.)

Relisez le texte et choisissez des fins logiques pour compléter les phrases ci-dessous. 🛑

1. Joseph Merlin a voulu utiliser ses nouveaux patins à roulettes _____.
   a. avant de les perfectionner
   b. avant de les compléter

2. Joseph Merlin a construit sa première paire de patins _____.
   a. pour pouvoir jouer du violon
   b. pour traverser une salle de bal

3. Un soir, Joseph a mis ses nouveaux patins _____.
   a. pour faire une entrée spectaculaire en patinant
   b. pour gagner beaucoup d'argent en les vendant

4. Joseph a eu un terrible accident quand il a traversé la salle _____.
   a. sans voir le grand miroir
   b. sans pouvoir s'arrêter à temps

(Les réponses se trouvent en appendice.)

Prenez l'écoute!

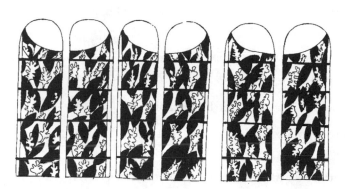

A. **Une visite de la chapelle Matisse.** Karen et Francine explorent Saint-Paul-de-Vence, un vieux village perché (*perched* [*in the mountains*]) en Provence. Écoutez leur conversation et indiquez les réponses aux questions suivantes.

> **Nouveau vocabulaire**
>
> | | | | |
> |---|---|---|---|
> | conçu | *designed* | recouverts | *covered* |
> | la lumière | *light* | exprès | *on purpose* |
> | les vitraux | *stained glass windows* | le fond | *background* |

Un jour à Saint-Paul-de-Vence, Karen et Francine visitent la chapelle du Rosaire, appelée aussi la chapelle Matisse. Francine connaît bien la chapelle; elle en parle à Karen.

1. Henri Matisse était _____.

    a. architecte   b. peintre   c. compositeur

2. La chapelle Matisse a été bâtie _____.

    a. vers 1950   b. vers 1920   c. vers 1850

3. La lumière y est brillante parce que (qu') _____.

    a. il fait soleil à Vence   b. les vitraux sont transparents   c. il y a un système d'illumination

4. Les murs du chapelle sont recouverts de _____.

    a. verre   b. céramique   c. briques

5. _____ prédominent dans les compositions murales.

    a. Le noir et le gris   b. Le rouge et le noir   c. Le noir et le blanc

6. Dans la galerie d'à côté se trouve(nt) _____.

    a. les études faites par Matisse   b. une petite librairie   c. des cours d'art

(Les réponses se trouvent en appendice.)

B. **Un entretien avec... Zina Diatta.** Zina Diatta, âgée de 36 ans, est sénégalaise. Elle est née à Toubéré-Bafal, au Sénégal. Elle travaille comme secrétaire bilingue.

Écoutez les questions de l'interviewer et la réponse de Mme Diatta. Puis, faites l'activité qui suit.

Vrai ou faux?

1. Mme Diatta a un musicien préféré.   **V**   **F**

2. Le Sénégal a une tradition musicale bien établie.   **V**   **F**

3. Les musiciens sénégalais les plus connus sont aussi les plus traditionnels.   **V**   **F**

4. Selon Mme Diatta, les arts doivent être subventionnés par l'État.   **V**   **F**

(Les réponses se trouvent en appendice.)

En situation

A. **Un village perché en Provence.** Écoutez deux fois la conversation suivante, en faisant attention aux expressions utilisées pour exprimer l'admiration. Puis, faites les activités B et C.

Francine montre son pays natal à Karen, une jeune Américaine qui étudie avec elle à l'université de Nice. Les deux étudiantes vont passer quelques jours dans la petite maison de campagne de la famille de Francine. Karen connaît les plages et les villes célèbres de la Côte d'Azur. Mais elle n'a jamais vu les collines° pittoresques de l'arrière-pays.° Le village perché de Saint-Paul-de-Vence est pour elle une véritable découverte. Ici, Karen exprime son admiration pour le paysage vençois.°   *hills*   *inland*   *de Vence*

FRANCINE: Voilà, nous arrivons. Ce village fortifié, là-bas,° c'est Saint-Paul-de-Vence.   *over there*

KAREN: Mais il est absolument spectaculaire, ce village: il est bâti sur un rocher°!   *rock*

FRANCINE: C'est parce que les villageois° devaient se protéger contre les pirates maures,° au Moyen Âge. Tous les vieux villages par ici sont construits sur des hauteurs.°   *habitants d'un village*   *Moorish*   *heights*

KAREN: Je n'ai jamais rien vu d'aussi beau!

FRANCINE: Maintenant, regarde la vue du côté de la Méditerranée.

KAREN: Quel panorama splendide! Les couleurs sont si brillantes.

FRANCINE: Oui, c'est pourquoi tant de° peintres sont venus vivre ici.   *tant... so many*

KAREN: La plupart d'entre eux étaient des artistes du dix-neuvième et surtout du vingtième siècles, n'est-ce pas?

FRANCINE: Oui, demain nous allons voir la chapelle Matisse, ou le musée Picasso ou la maison de Renoir. Ils sont tout près d'ici.

B. **Qu'est-ce qu'on dit... pour exprimer l'admiration?** Vous visitez la ville fortifiée de Carcassonne dans les Pyrénées. Écoutez le guide, et choisissez une réaction dans la liste suivante. 🛑 🚌🏚

Mais elle est absolument spectaculaire, cette forteresse!
Je n'ai jamais rien vu d'aussi beau!
Quel panorama splendide!
C'est incroyable!
Ça alors! Je crois rêver.
Quel pays de légende!

MODÈLE: Au Moyen Âge, les armées ont souvent mis le siège à Carcassonne. Les populations de la région s'y sont réfugiées. → Ça alors! Je crois rêver.

1. ...   2. ...   3. ...   4. ...   5. ...

C. **Impromptu.** Écoutez attentivement l'échange suivant basé sur le dialogue d'**En situation.** 🚌🏚 Puis, écoutez une deuxième fois et écrivez les expressions qui manquent.

FRANCINE: Et _____[1] les environs de Grasse, centre de la culture des

fleurs et de la parfumerie.

KAREN: _____,[2] ces champs de

fleurs! D'ici, _____[3] des roses; quelles autres variétés y a-t-il?

FRANCINE: Eh bien, _____[4]: du jasmin, des fleurs d'oranger, et bien sûr,

en cette saison, du mimosa...

KAREN: _____[5]!

FRANCINE: Les usines par ici traitent de _____[6] mille

tonnes de fleurs par an.

KAREN: _____[7]! À mon avis,

_____[8] et la lumière sont plus fantastiques que le parfum.

(Les réponses se trouvent en appendice.)

Maintenant, écoutez encore une fois les propos de Francine, et répondez à la place de Karen.

1. ...   2. ...   3. ...

Regardons!

Vignette culturelle:
Une exposition: L'art d'Afrique

Présentation

An art exhibit at the museum of Peul lets us discover
a collection of spoons that are unique works of art.

Vocabulaire utile

bien balancée	well-proportioned
ses jambes fines	her slender legs
ses reins bien cambrés	her arched back
sa poitrine haute	her high breasts
cou qui n'en finit pas	endless neck
ses mensurations	her measurements
sa taille	her height
le clou	the keystone (nail)
au musée d'Art peul	at the Peul Art Museum (Peuls: grouping of West African peoples)
surprenant	surprising
cuillères	spoons
courant	ordinary
les ethnies africaines	African ethnic groups
en bois... en os, en ivoire ou en laiton	wooden . . . bone, ivory, or brass
dont elles témoignent	that they display
la puissance	power, force
qu'elles dégagent	that they emit
la nourriture	food
un aspect sacré	a sacred aspect
le riz	rice
les Légas	*a Congolese tribe*
servent à nourrir les dieux	are used to feed the gods
les Dans	*tribe of the Ivory Coast*

réceptacles à offrande	alms-boxes
Ailleurs	Elsewhere
objets d'apparat	display objects
fécondité	fertility
dépassent largement	go well beyond
méconnue	ignored
ce furent	they were (**passé simple**)
à être introduits dans le monde occidental	to be introduced to the West
au quinzième siècle	in the fifteenth century

Activités

A. Des objets sacrés. Encerclez les lettres qui correspondent aux éléments mentionnés dans la vidéo.

1. En quoi sont les cuillères de cette exposition?
   a. en or
   b. en laiton
   c. en bois
   d. en os

2. De quels pays viennent-elles?
   a. du Gabon
   b. du Cameroun
   c. du Niger
   d. de Côte-d'Ivoire

3. Quelles nourritures sacrées le narrateur évoque-t-il?
   a. le maïs
   b. le pain
   c. les ignames
   d. le riz

4. À quoi servent ces cuillères africaines?
   a. à exhiber au peuple
   b. à accepter les offrandes
   c. à nourrir les dieux
   d. à préparer des repas sacrés

B. À quoi servent les cuillères? Complétez le passage suivant selon la narration.

La _____¹ a toujours eu un _____². Le

_____³ des Français, le _____⁴ en Asie,

mais _____⁵ n'a pensé à donner autant d'importance à de

_____⁶. Chez les Légas, ces véritables _____⁷

servent à nourrir les dieux. Pour les Dans, on _____⁸ réceptacles

à offrande. D'autres les utilisent pour _____⁹ uniquement

_____¹⁰. Ailleurs, _____¹¹ d'apparat, des

symboles de fécondité et de pureté.

C. À vous! Nommez d'autres produits artisanaux qui proviennent d'autres cultures. Quels autres objets quotidiens ont pris une forme artistique? Où en avez-vous vu?

_____

_____

_____

_____

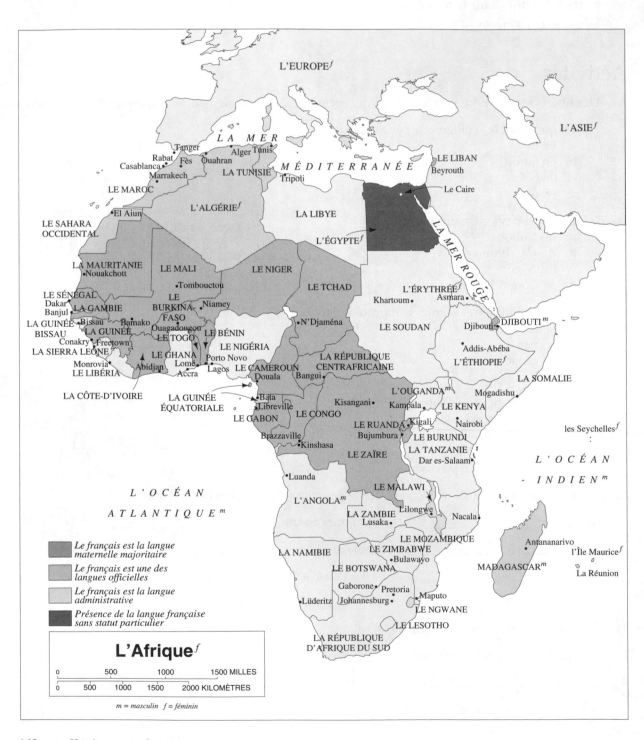

L'EUROPE*f*

L'ASIE*f*

LA MER

MÉDITERRANÉE

Tanger
Rabat Fès
Alger Tunis
Casablanca Ouahran
LA TUNISIE
LE LIBAN
Beyrouth
Marrakech
Tripoli
LE MAROC
Le Caire
L'ALGÉRIE*f*
LA LIBYE
El Aiun
LE SAHARA
OCCIDENTAL
L'ÉGYPTE*f*
LA MER ROUGE

LA MAURITANIE
LE MALI
LE NIGER
Nouakchott
Tombouctou
LE TCHAD
L'ÉRYTHRÉE*f*
LE SÉNÉGAL
Niamey
Khartoum
Asmara
Dakar
LA GAMBIE
LE
BURKINA-
FASO
N'Djaména
Djibouti DJIBOUTI*m*
Banjul
LA GUINÉE-
BISSAU
Bissau
Bamako
Ouagadougou
LE SOUDAN
LA GUINÉE
LE TOGO
LE BÉNIN
Addis-Abéba
Conakry
Freetown
LE NIGÉRIA
L'ÉTHIOPIE*f*
LA SIERRA LEONE
LE GHANA
Porto Novo
LA RÉPUBLIQUE
CENTRAFRICAINE
Monrovia
Abidjan
Lomé
Accra
Lagos
LE CAMEROUN
LA SOMALIE
LE LIBÉRIA
Douala
Bangui
LA CÔTE-D'IVOIRE
L'OUGANDA*m*
Mogadishu
Bata
LA GUINÉE
ÉQUATORIALE
Libreville
Kisangani
Kampala
LE KENYA
LE GABON
LE CONGO
Kigali
Nairobi
LE RUANDA
Brazzaville
Bujumbura
LE BURUNDI
Kinshasa
LA TANZANIE
LE ZAÏRE
Dar es-Salaam
Luanda
LE MALAWI
L'OCÉAN

ATLANTIQUE*m*
L'ANGOLA*m*
Lilongwe
Nacala
LA ZAMBIE
Lusaka
Antananarivo
LE MOZAMBIQUE
l'Île Maurice*f*
LA NAMIBIE
LE ZIMBABWE
Bulawayo
MADAGASCAR*m*
La Réunion
LE BOTSWANA
Gaborone
Pretoria
Maputo
Lüderitz
Johannesburg
LE NGWANE
LE LESOTHO
LA RÉPUBLIQUE
D'AFRIQUE DU SUD

les Seychelles*f*

L'OCÉAN

INDIEN*m*

Le français est la langue
maternelle majoritaire

Le français est une des
langues officielles

Le français est la langue
administrative

Présence de la langue française
sans statut particulier

L'Afrique*f*

0   500   1000   1500 MILLES
0   500   1000   1500   2000 KILOMÈTRES

m = masculin   f = féminin

CHAPITRE DOUZE

La vie de tous les jours

Étude de vocabulaire

A. **Une triste histoire d'amour.** Écoutez l'histoire de Mireille et de Jacques. Encerclez **V** (vrai) ou **F** (faux). 🔊

Vrai ou faux?

1. Mireille et Jacques sont tombés amoureux immédiatement.   **V**   **F**

2. Ils se sont mariés après trois ans.   **V**   **F**

3. Ils se sont installés dans la maison de la mère de Jacques.   **V**   **F**

4. Le mariage n'a pas réussi.   **V**   **F**

(Les réponses se trouvent en appendice.)

Maintenant, écoutez les déclarations suivantes sur l'histoire de Mireille et de Jacques. Elles ne sont pas en ordre. Écrivez-les dans la colonne appropriée: **au début, au milieu** ou **vers la fin.** 🔊 🛑

```
Use the infinitive form when you write verbal
expressions in this chart.
```

MODÈLE: Mireille et Jacques sont tombés follement amoureux.

AU DÉBUT	AU MILIEU	VERS LA FIN
tomber amoureux	_____	_____
_____	_____	_____
_____	_____	_____
_____	_____	_____

1. ...   2. ...   3. ...   4. ...   5. ...   6. ...   7. ...   8. ...   9. ...   10. ...

(Les réponses se trouvent en appendice.)

B. **Énigme.** Écoutez chaque définition et donnez la partie ou les parties du corps définies.

MODÈLE: Ils servent à jouer du piano. → Les mains et les doigts.

1. ...   2. ...   3. ...   4. ...   5. ...   6. ...

C. Et maintenant... un moment de détente (*relaxation*)**...** L'exercice physique nous est bénéfique, même pendant une leçon de français!

Restez assis(e) à votre place, et faites les exercices suivants.

> Attention! Ne faites pas ces exercices en voiture!

1. ...   2. ...   3. ...   4. ...   5. ...   6. ...   7. ...   8. ...   9. ...   10. ...   11. ...   12. ...

D. Enquête sur l'amour. Écoutez les réponses de deux autres étudiants avant de donner votre réponse.

1. ...   2. ...   3. ...   4. ...

Voix francophones

Une famille ivoirienne. Léopoldine, née en Côte-d'Ivoire, nous présente sa famille. Cochez les détails qui sont mentionnés dans sa description.

Détails culturels

1. _____ une famille nombreuse

2. _____ la famille nucléaire intacte

3. _____ les disputes fréquentes en famille

4. _____ le père travaillant dans un bureau

5. _____ une mère ménagère (*homemaker*)

6. _____ une maison avec cour (*courtyard*) intérieure

7. _____ la nécessité de partager (*sharing*) une chambre

8. _____ l'idée du partage en général

9. _____ l'importance de la technologie dans la vie quotidienne

10. _____ les cousins, les nièces et les neveux en tant que membres de la famille

11. _____ une éducation (*upbringing*) traditionnelle

12. _____ le besoin de s'en aller vers une grande ville

(Les réponses se trouvent en appendice.)

Étude de grammaire

43. Pronominal Verbs

EXPRESSING ACTIONS

A. Les distractions des étudiants. Complétez les phrases suivantes en écoutant le passage. ⏎📻

1. Je _____ _____ parfois si les étudiants français ont le temps de

   _____ .

2. Pourtant, les étudiants doivent aussi _____ _____ .

3. On a besoin de _____ quelquefois...

4. Le soir, les étudiants _____ _____ souvent dans le quartier universitaire.

5. Ils _____ à une table dans un café pour prendre un verre et discuter

   avant de rentrer travailler.

6. Le dimanche, beaucoup d'étudiants déjeunent sans _____ , chez leurs

   parents ou leurs grands-parents.

7. Ils _____ _____ en faisant un peu de sport, une promenade ou en allant à

   une exposition ou au cinéma.

(Les réponses se trouvent en appendice.)

B. Une vie d'étudiant. Écoutez chacune des situations suivantes, et choisissez l'expression verbale qui la décrit. ⏎📻

1. a. Tu t'excuses.   (b.) Tu t'amuses.

2. a. Je me dépêche.   b. Je m'arrête.

3. a. Je me souviens de toi.   b. Je me demande si c'est vrai.

4. a. Ils se trouvent là-bas maintenant.   b. Ils vont s'installer là-bas plus tard.

5. a. Je me trompe.   b. Je me repose.

6. a. Nous nous entendons bien.   b. Nous nous détendons bien.

(Les réponses se trouvent en appendice.)

44. Pronominal Verbs

REPORTING EVERYDAY EVENTS

A. **La vie quotidienne.** Écoutez les remarques de Thomas, et transformez-les en questions contenant un verbe pronominal. Suivez le modèle:

Expressions utiles: s'en aller, se réveiller, s'amuser, se coucher, s'habiller, se lever

> MODÈLE: Le matin, j'ouvre mes yeux difficilement. →
> Tu te réveilles difficilement?

1. ...   2. ...   3. ...   4. ...   5. ...

B. **Une journée dans la vie de Jeanne-Marie.** Regardez le dessin et écoutez les questions. Répondez à chaque question en vous basant sur le dessin.

> MODÈLES: À quelle heure est-ce que Jeanne-Marie se réveille? → Elle se réveille à sept heures.
>
> Imaginez... À quelle heure est-ce qu'elle se brosse les dents? →
> Elle se brosse les dents à sept heures vingt.

1. ...   2. ...   3. ...   4. ...   5. ...   6. ...

C. **Comparez-vous avec Philippe.** Écoutez la description des habitudes de Philippe, puis donnez une réponse personnelle.

> Note that there are no suggested answers given.

> MODÈLE: Philippe se réveille à six heures et demie. Et vous? À quelle heure est-ce que vous vous réveillez? → Moi? À sept heures.

1. ...   2. ...   3. ...   4. ...   5. ...

45. Pronominal Verbs

EXPRESSING RECIPROCAL ACTIONS

A. **Que font les voisins du quartier?** Écoutez chaque question et répondez en vous basant sur le dessin. (STOP)

Expressions utiles: se dire bonjour, se disputer, se parler, se regarder, se téléphoner

> MODÈLE: Que font Cassandre et sa sœur Régine? → Elles s'écrivent.

1. ...   2. ...   3. ...   4. ...   5. ...

B. **Enthousiasme.** Une vedette (*celebrity*) parle de son prochain mariage. Écoutez les questions, et répondez pour la vedette.

> Begin each response with **Ah oui...**
> or **Ah non....**

> MODÈLE: LE REPORTER: Votre fiancé et vous, vous vous connaissez bien?
>
> LA VEDETTE: Ah oui, nous nous connaissons très bien!

1. ...   2. ...   3. ...   4. ...

C. **La déprime** (*Depression*). Maintenant, la vedette parle de sa séparation récente. Donnez les réponses de la vedette.

> Use **ne... plus** in your answers.

MODÈLE: Alors, parlez-nous de l'admiration. → Nous ne nous admirons plus, vous savez.

1. ...   2. ...   3. ...   4. ...

46. Pronominal Verbs

TALKING ABOUT THE PAST AND GIVING COMMANDS

A. **Un dimanche à la campagne.** Regardez le dessin, écoutez les questions posées à Marc et donnez des réponses logiques.

Expressions utiles: s'en aller, s'arrêter au bord d'une rivière, se baigner, s'endormir, s'ennuyer, se promener à pied

> The answers given on the recording are suggestions only.

MODÈLE: À quelle heure est-ce que vous êtes partis? → Nous nous en sommes allés vers neuf heures.

1. ...   2. ...   3. ...   4. ...   5. ...

B. **Ordres.** Vous êtes moniteur ou monitrice dans une colonie de vacances (*counselor in a children's camp*). Écoutez chaque situation et donnez des ordres aux jeunes campeurs.

> MODÈLE: Maurice ne s'est pas encore réveillé. (maintenant) → Réveille-toi maintenant!

1. (plus tôt)   4. (immédiatement)
2. (maintenant)   5. (immédiatement)
3. (tout de suite)

C. **Ma journée d'hier.** Parlez de ce que vous avez fait hier en répondant aux questions.

> MODÈLE: À quelle heure vous êtes-vous réveillé(e)? →
> Je me suis réveillé(e) vers six heures et demie.

1. ...   2. ...   3. ...   4. ...   5. ...

D. **Une rencontre.** Pensez à votre première rencontre avec un bon ami ou une bonne amie. Écoutez les questions et les réponses, et donnez votre propre réponse.

1. ...   2. ...   3. ...   4. ...

Étude de prononciation

Les voyelles orales: [y], [œ] et [ø]

The French vowels [y], [œ], and [ø] have no equivalent sounds in English.

Répétez les mots suivants. Faites bien le contraste entre [y] et [u], [ø] et [œ].

1. [y] salut   une   numéro   Luc
   [u] soupe   août   ouverture   où

2. [ø] deux   sérieux adieu   un peu
   [œ] heure   fleur   œuvre   acteur

Voyelles finales

French pronunciation makes rather clear distinctions among vowels that fall at the end of a word.

A. Répétez les groupes de mots suivants.

ri, ré, raie	Marie, marée, marais	pris, pré, prêt
mis, mémé, mais	dit, des, dès	j'y, j'ai, jet
fit, fée, fait	si, ces, c'est	

B. Mettez le symbole phonétique [i], [e] ou [ɛ] à côté des voyelles finales indiquées.

> MODÈLES: six [i]   été [e]   lait [ɛ]

1. nés [ ]   5. chez [ ]

2. pris [ ]   6. ami [ ]

3. très [ ]   7. frais [ ]

4. et [ ]

(Les réponses se trouvent en appendice.)

C. Dictée. Écoutez Jean-Charles qui fait la description d'une fête française particulièrement sympathique. Ensuite, écoutez une deuxième fois et complétez le passage par écrit.

Moi, _____¹ la fête de Noël parce

qu'_____² de _____³ en

famille. Mais j'aime particulièrement _____,⁴ qui

est la fête du muguet (*lily of the valley*) et aussi _____.⁵ Partout en France

_____⁶ un brin (*sprig*) de muguet et _____⁷

ou à son amoureuse. C'est _____.⁸

   La fête du muguet tombant le premier mai, c'est-à-dire le jour de la fête du travail, les gens

_____⁹ aucune (*no*) _____¹⁰ et

_____¹¹ avec le sourire (*smile*) et de manière décontractée (*relaxed*).

On _____,¹² _____,¹³

_____¹⁴ entre _____¹⁵ ou collègues;

le premier mai, _____¹⁶ la joie de _____.¹⁷

(Les réponses se trouvent en appendice.)

Prenez l'écoute!

A. Voulez-vous une assurance médicale pour votre chien? Écoutez cette conversation entre un assureur (*insurance underwriter*) et un couple de clients.

Faites particulièrement attention aux réponses des clients et prenez des notes sur le formulaire suivant.

> As you listen, take very informal notes on the form provided.

Vous l'aimez?
Protégez-le

«*Bonne Forme Multi Garantie*»
du Groupe Concorde.

QUESTIONNAIRE ASSURANIMAUX

Nom _____**Roland**_____ Race _____

Sexe _____ Date de naissance _____

Poids (*Weight*) _____

1. Santé? _____

   _____

2. Habitudes/tempérament? _____

   _____

3. Nourriture?

   Repas _____

   _____

   Fréquence _____

4. Journée typique?

   Sommeil _____

   _____

   Sorties _____

   _____

   Autre chose _____

   _____

(Les réponses se trouvent en appendice.)

Maintenant, répondez par écrit à la question suivante. 🛑

Faites quelques recommandations aux clients sur les soins (*care*) qu'ils donnent à leur chien. Utilisez l'impératif quand c'est possible.

_____

_____

_____

B. **Un entretien avec... Martin Huot.** Martin Huot, âgé de 18 ans, travaille comme briqueteur-maçon à La Sarre, au Québec, où il vit avec ses parents.

Écoutez la question de l'interviewer et la réponse de Martin. Puis, faites l'activité qui suit.

Vrai ou faux?

1. Chez Martin Huot, on se lève à 6h45.   **V**   **F**

2. La mère de Martin prépare un déjeuner à emporter.   **V**   **F**

3. Martin chante et joue de la guitare le matin.   **V**   **F**

4. Le père de Martin prend un petit déjeuner énorme.   **V**   **F**

(Les réponses se trouvent en appendice.)

En situation

A. **Visite à domicile** (*House call*). Écoutez deux fois la conversation suivante en faisant attention à la manière dont Jérôme répond au médecin. Puis, faites les activités B et C.

Mme Guirardi est un médecin généraliste. Elle fait souvent ses visites à domicile le matin et voit ses autres patients dans son cabinet° l'après-midi. Ici, elle arrive chez Jérôme qui ne se sent pas bien.

medical office

JÉRÔME:	Bonjour, docteur.
DR GUIRARDI:	Bonjour, Jérôme. Asseyez-vous.° Alors, qu'est-ce qui ne va pas?
JÉRÔME:	Docteur, j'ai très mal à la gorge, et j'ai un peu de fièvre.°
DR GUIRARDI:	Et cela dure° depuis combien de temps?
JÉRÔME:	Ça fait quatre ou cinq jours, déjà.
DR GUIRARDI:	Bon, eh bien, laissez-moi vous ausculter°... Un peu de congestion, mais rien de grave. Ouvrez la bouche et dites *Aaaah*...
JÉRÔME:	Aaaah...
DR GUIRARDI:	Très bien. Vous avez des points° blancs dans la gorge, jeune homme. Je crois que c'est une angine.°
JÉRÔME:	Ça fait très mal quand j'avale.°
DR GUIRARDI:	Nous allons vous prescrire un sirop qui va arranger° ça. Êtes-vous allergique à certains médicaments?
JÉRÔME:	Non, pas à ma connaissance.
DR GUIRARDI:	Alors, voici votre ordonnance.° Prenez ces comprimés° trois fois par jour pendant cinq jours.
JÉRÔME:	Merci bien, docteur.
DR GUIRARDI:	Si votre fièvre monte, appelez-moi. Et je veux vous revoir si ça ne va pas mieux° dans quatre ou cinq jours.

Sit down.

fever

persists

(avec un stéthoscope)

spots
inflammation de la gorge
swallow

make better

prescription
tablets

better

B. **Qu'est-ce qu'on dit... pour s'expliquer avec le médecin?** Écoutez les suggestions suivantes pour parler avec votre médecin, et suivez-les.

> MODÈLE: Expliquez au médecin que vous avez très mal à la gorge. → J'ai très mal à la gorge.

1. ...   2. ...   3. ...   4. ...   5. ...   6. ...

C. **Impromptu.** Écoutez attentivement l'échange suivant basé sur le dialogue d'**En situation.** Puis, écoutez une deuxième fois et écrivez les expressions qui manquent.

DR GUIRARDI: Bonjour, _____[1]?

SYLVIE: Je _____[2] très fatiguée et j'ai _____.[3]

DR GUIRARDI: Ça _____[4] quelque part?

SYLVIE: Oui, j'ai _____.[5]

DR GUIRARDI: Et cela dure _____[6]?

SYLVIE: Ça _____[7] depuis trois jours.

DR GUIRARDI: _____[8] à certains médicaments?

SYLVIE: Non, pas _____.[9]

(Les réponses se trouvent en appendice.)

Maintenant, écoutez encore une fois les propos du docteur Guirardi, et répondez à la place de Sylvie.

1. ...   2. ...   3. ...   4. ...

Regardons!

Chez le médecin

Présentation

Mme Lefèvre is sick and visits her doctor.

Vocabulaire utile

Vous n'avez pas bonne mine.	You don't look very good.
J'ai mal partout.	I ache all over.
J'ai toussé...	I coughed . . .
une mauvaise grippe	bad case of the flu
les visites à domicile	house calls
affreusement mal	really bad
que je vous ausculte	so that I can listen with a stethoscope
la poitrine congestionnée	congested chest
une belle bronchite	bad case of bronchitis
le repos	rest
que vous restiez bien au chaud	that you keep warm
un voyage d'affaires	business trip
en reportage	on a news story
Profitez-en donc!	Then take advantage of it!
mon ordonnance	my prescription

Activités

A. **Les symptômes.** Regardez la vidéo une première fois. Puis, regardez la vidéo une deuxième fois et faites l'activité. Mettez les symptômes de Mme Lefèvre dans l'ordre où vous les entendez dans la vidéo.

_____ a.   Elle a mal partout.

_____ b.   Elle a du mal à respirer.

_____ c.   Elle a la gorge irritée.

_____ d.   Elle a toussé toute la nuit.

_____ e.   Elle se sent affreusement mal.

_____ f.   Elle a la poitrine congestionnée.

_____ g.   Elle n'a pas bonne mine.

_____ h.   Elle a de la fièvre.

B. **Ce n'est pas de chance!** Indiquez si les phrases suivantes sont vraies (**V**) ou fausses (**F**).

1.   Mme Lefèvre n'a pas beaucoup de travail en ce moment.   **V**   **F**

2.   Elle a une belle grippe.   **V**   **F**

3.   Le docteur va lui prescrire des antibiotiques.   **V**   **F**

4.   Elle est professeur et doit absolument être dans trois jours à Bordeaux.   **V**   **F**

5.   Elle va porter son ordonnance à la pharmacie.   **V**   **F**

C. **À vous!** Imaginez que vous êtes malade. Vous avez décidé de consulter un médecin. Pendant votre rendez-vous, le médecin vous demande de décrire vos symptômes.

_____

_____

_____

_____

Pot-pourri culturel

Les chiffres (*Numbers*)**:** Certains chiffres en France ont un sens spécial. **33** symbolise «le médecin» parce que le médecin demande systématiquement aux malades de dire «**33**» quand il écoute leurs poumons (*lungs*). Il y a d'autres expressions avec des chiffres. Par exemple, le chiffre «**22**» signifie la police, comme dans l'expression «**22**, voilà les flics» ("22, *here come the cops*"), et «être habillé sur son **31**» veut dire «porter de jolis vêtements.»

Lille est une très grande ville industrielle dans le nord-est du pays.

La Sécurité Sociale: Un avantage social en France est la Sécurité Sociale (ou la «Sécu»). C'est l'assurance (*insurance*) médicale nationale qui couvre pratiquement tous les Français. Le médecin remplit (*fills out*) une ordonnance et une feuille de Sécurité Sociale à chaque visite. Cette feuille permet de se faire rembourser (*allows the patient to get reimbursed for*) le prix de la visite et des médicaments. Le taux (*rate*) de remboursement est en général de 70%. On peut souscrire à une assurance complémentaire pour être remboursé à 100%.

Regardez la vidéo une dernière fois en faisant attention aux détails mentionnés ici.

CHAPITRE TREIZE

Au travail

Étude de vocabulaire

A. **Professions.** Écoutez les descriptions suivantes en regardant les images. Donnez le nom de la profession.

une architecte

un instituteur

un secrétaire

un agriculteur

une journaliste

un pharmacien

1. ...   2. ...   3. ...   4. ...   5. ...   6. ...

B. **Question d'argent.** Écoutez chaque phrase et encerclez la lettre correspondant à l'expression définie.

1. C'est...

    a. un compte d'épargne   b. un bureau de change

2. Ce sont...

    a. vos économies   b. vos cartes de crédit

3. Ce sont...

    a. vos billets de banque   b. vos dépenses

4. C'est...

    a. un chèque   b. la monnaie

5. C'est...

    a. un bureau de change   b. un cours du change

6. C'est...

    a. le cours du dollar   b. le coût de la vie

(Les réponses se trouvent en appendice.)

C. **La Carte Bleue de Joseph.** Écoutez l'histoire une première fois. 🎧 Ensuite, écoutez-la une deuxième fois en complétant les phrases qui suivent. Finalement, répondez à la dernière question selon votre avis. 🛑

1. Joseph voulait depuis longtemps _____.

2. Quand son père _____, Joseph lui a promis d'être prudent.

3. Un jour, Joseph _____ que son salaire ne

    _____.

4. Pour le moment, la sœur de Joseph _____.

5. Joseph est fier de son indépendance, donc il en _____ beaucoup.

6. *À votre avis*, que doit faire Joseph?

    _____

    _____

(Les réponses se trouvent en appendice.)

D. **Mon budget.** Vous avez demandé une bourse (*scholarship*) à l'université. Écoutez les réponses de deux autres étudiants avant de répondre vous-même à chaque question.

    1. ...   2. ...   3. ...   4. ...   5. ...

Voix francophones

Quels sont les éléments motivants dans le travail? Le magazine hebdomadaire (*weekly*) français *Le Point* a effectué une enquête auprès d'environ 500 cadres (*middle managers*) français.

Regardez un moment la liste des avantages professionnels révélés par cette enquête, classés par ordre d'importance. 🛑

1.	autonomie, indépendance	N	C	B
2.	utilisation des capacités personnelles	N	C	B
3.	intérêt pour le travail	N	C	B
4.	bonnes relations interpersonnelles	N	C	B
5.	possibilité de s'affirmer	N	C	B
6.	sécurité de l'emploi	N	C	B
7.	contacts avec l'extérieur	N	C	B
8.	salaire comparable	N	C	B
9.	bénéfices et avantages sociaux	N	C	B

Maintenant, écoutez l'interview de trois étudiants à l'École des Hautes Études Commerciales. Indiquez qui mentionne chacun de ces éléments en encerclant **N** (Nathalie), **C** (Christine) ou **B** (Benoît).

> Individual items may be mentioned by more than one person.

(Les réponses se trouvent en appendice.)

Maintenant, écrivez les réponses aux questions suivantes. Inspirez-vous des propos des étudiants que vous avez entendus. 🛑

1. Pour vous, personnellement, quels sont les éléments motivants d'un travail?

   _____

   _____

2. Décrivez un job que vous n'avez pas aimé. Pourquoi ne l'avez-vous pas aimé?

   _____

   _____

Étude de grammaire

47. The Future Tense

TALKING ABOUT THE FUTURE

A.   Projets d'été. Écoutez les propos de certains étudiants au café, et encerclez les lettres désignant le temps du verbe (*verb tense*) utilisé dans chaque phrase: passé (**PA**), présent (**PR**) ou futur (**F**).

1. PA   PR   F   5. PA   PR   F

2. PA   PR   F   6. PA   PR   F

3. PA   PR   F   7. PA   PR   F

4. PA   PR   F

(Les réponses se trouvent en appendice.)

B.   Rêves d'avenir. Annie rêve souvent à son avenir. Regardez un moment les dessins ci-dessous. 🛑

Maintenant, écoutez les questions et répondez en vous basant sur les dessins.

1. ...   2. ...   3. ...   4. ...   5. ...

C. **Et vous?** Voici quelques questions sur vos projets immédiats et vos projets d'avenir. Écoutez chaque question et la réponse d'un camarade. Ensuite, donnez une réponse personnelle.

1. ...   2. ...   3. ...   4. ...   5. ...

48. Relative Pronouns

LINKING IDEAS

A. **Interview d'un chef d'entreprise.** Écoutons une interview de la bijoutière Clémence Poirier. Les bijoux qu'elle crée se vendent partout dans le monde, et surtout au Japon.

Indiquez si les déclarations sont vraies (**V**) ou fausses (**F**) en vous basant sur la conversation.

Vrai ou faux?

1.	Clémence est une personne qui a beaucoup aimé ses études.	**V**	**F**
2.	Pendant sa jeunesse, c'était surtout la création de bijoux qui intéressait Clémence.	**V**	**F**
3.	Clémence travaille essentiellement avec des pierres précieuses.	**V**	**F**
4.	Cette entreprise fait des milliers de bijoux dont les trois quarts partent en Amérique du Nord.	**V**	**F**
5.	Les bijoux que Clémence dessine pour les magazines sont trop difficiles à faire soi-même.	**V**	**F**
6.	Son entreprise est une chose dont Clémence est très fière.	**V**	**F**

(Les réponses se trouvent en appendice.)

B. **Au poste de police.** Des gens arrivent pour retrouver des affaires (*belongings*) ou pour poser des questions. Écoutez les conversations suivantes en regardant les dessins. Répondez en suivant le modèle.

MODÈLE: —Je cherche mon carnet de chèques. Il est de la Banque Nationale de Paris.
—Est-ce que c'est le carnet que vous cherchez? →
—Non, ce n'est pas le carnet que je cherche.

1. 　　2. 　　3. 　　4.

C. **Personnes et choses significatives.** Écoutez les propos de Daniel. Ensuite, complétez chaque phrase par écrit avec un détail qu'il vous a raconté.

1. Arthur, c'est une personne que _____
   _____.

2. Caroline, c'est une amie qui _____
   _____.

3. «Les Temps modernes», c'est un film dont _____
   _____.

4. La Lune Bleue, c'est un café où _____
   _____.

(Des réponses-modèles se trouvent en appendice.)

49. Comparative and Superlative of Adjectives

MAKING COMPARISONS

A. **François fait toujours des comparaisons.** Écoutez ses propos, regardez les dessins et donnez la conclusion logique, selon le modèle.

MODÈLE: Hélène est plus sportive que moi. → Eh oui, tu es moins sportif qu'elle.

1. ... 2. ... 3. ... 4. ... 5. ...

B. **Personnages extraordinaires.** Écoutez les descriptions suivantes et dites que vous êtes d'accord. Utilisez un superlatif en suivant le modèle.

MODÈLE: Pinocchio a un long nez. (monde) →
C'est vrai... Pinocchio a le nez le plus long du monde.

1. (monde)   4. (univers)

2. (littérature)   5. (Français)

3. (Hollywood)

Étude de prononciation

Semi-voyelles et consonnes

A. **Les semi-voyelles** (*Semi-vowels*): **[ɥ], [w] et [j].** Écoutez et répétez les mots suivants. Faites attention aux semi-voyelles.

[ɥ]	huit	fruit	duel	tuer	nuage	cuisine
[w]	moi	moins	oui	quoi	revoir	Louis
[j]	bien	Marseille	science	voyage	famille	

B. Écoutez et répétez les phrases suivantes.

· Il découvre les ruines à minuit le huit juillet.
· Quoi? Moi, je leur dis au revoir au moins trois fois.
· Oui, trois cuillerées d'huile et un nuage de lait.
· L'oreiller, c'est un appareil-sommeil.

C. **Consonnes** (*Consonants*). Répétez les expressions suivantes. Encerclez les consonnes ou les groupes de consonnes indiqués.

[b]	combien de bonbons		[m]	un ami mécontent
[ʃ]	tu cherches un choix		[n]	non au tennis
[d]	il y a deux radios		[p]	un pas typique
[f]	une photo du café		[r]	la rue du port
[g]	une guitare agréable		[s]	cinq Français en classe
[ɲ]	un signal d'Espagne		[t]	une table italienne
[ʒ]	des gens énergiques		[v]	un wagon vide
[k]	quatre skis canadiens		[z]	seize raisons
[l]	un livre allemand			

(Les réponses se trouvent en appendice.)

D. **Les consonnes [p], [t] et [k].** Note that the consonants [p], [t], and [k] are *not* plosives in French. There should be no puff of air when these sounds are pronounced: **tes parents canadiens.**

Répétez les phrases suivantes après le speaker.

· Les parents de Catherine préparent une surprise-partie.
· Le touriste italien préfère écouter le concert.
· Une personne réaliste ne téléphone pas trop tard.

E. Dictée. Écoutez Mme Goncourt décrire un poste dans sa firme qu'elle cherche à pourvoir (*fill*). Ensuite, écoutez une deuxième fois et complétez le passage par écrit. 🎧📻🔁

Un poste idéal

On cherche programmeurs et _____.[1] Le candidat ou la candidate idéal(e) _____[2] une formation récente _____[3] et _____[4] la technologie _____.[5] Il ou elle _____[6] de projets indépendants; il ou elle _____[7] également _____.[8] Notre candidat ou candidate _____[9] un tempérament agréable et compréhensif; il ou elle _____,[10] consciencieux et méticuleux. Le candidat ou la candidate _____[11] de nombreux avantages: congés (*vacations*) payés, assurances médicales, frais de formation (*education allowance*) pour ceux ou celles (*those*) qui _____[12] approfondir leurs connaissances. Le _____[13] initial _____[14] de _____[15] avec possibilités d'augmentation régulières.

(Les réponses se trouvent en appendice.)

Maintenant, écrivez les réponses aux questions suivantes. 🛑

1. Connaissez-vous quelqu'un à qui ce poste conviendrait (*would be suitable*)?
    Si oui, pourquoi? _____
    _____

2. Imaginez que vous cherchez un emploi. Ce poste vous intéresse-t-il personnellement? Pourquoi? Pourquoi pas?
    Oui/Non, _____
    _____

Prenez l'écoute!

A. **Une vie d'étudiant.** Gisèle Rolland, étudiante en physique à Paris, répond à un camarade qui fait une enquête sociologique. Écoutez leur conversation en encerclant **V** ou **F**. 🛑 🚶🏠

> Familiarize yourself with the following statements before listening to the passage.

Vrai ou faux?

1. Gisèle gagne de l'argent depuis qu'elle est étudiante.   **V**   **F**

2. Autrefois, elle donnait des leçons particulières de maths ou de physique.   **V**   **F**

3. Maintenant Gisèle a une bourse d'enseignement (*teaching fellowship*).   **V**   **F**

4. Actuellement (*These days*), ses parents lui offrent de l'argent tous les mois. **V**   **F**

5. Gisèle est aussi une illustratrice accomplie.   **V**   **F**

6. En vacances, Gisèle préfère faire du ski.   **V**   **F**

7. Elle arrive à faire des économies pour ses vacances et pour acheter une voiture. **V**   **F**

8. Si Gisèle gagnait une grosse somme, elle ferait sans doute des voyages.   **V**   **F**

(Les réponses se trouvent en appendice.)

B. **Un entretien avec... Élisabeth Brianceau.** Élisabeth Brianceau est originaire de Strasbourg, en France. Elle a 25 ans et travaille comme professeur de sciences médico-sociales (SMS) dans un lycée technique.

Écoutez les questions de l'interviewer et la réponse d'Élisabeth.
Puis, faites l'activité qui suit. 🚶🏠 🛑

Vrai ou faux?

1. Pour avoir son poste au lycée, Élisabeth a dû   **V**   **F**
    réussir un concours national.

2. Élisabeth s'est spécialisée en droit médical.   **V**   **F**

3. Elle aime beaucoup le contact avec ses élèves.   **V**   **F**

4. Élisabeth veut maintenant devenir avocate.   **V**   **F**

(Les réponses se trouvent en appendice.)

En situation

A. Un travail temporaire. Écoutez deux fois la conversation suivante, en faisant attention à la manière dont Jean-Marc se renseigne sur un job d'été. Puis, faites les activités B et C. 🔊

Chaque année à la fin de l'été, les vendanges° sont un rendez-vous traditionnel des étudiants français et étrangers. Ils savent qu'ils gagneront peu d'argent, mais qu'ils vivront une expérience enrichissante: l'accueil° chez les viticulteurs° est chaleureux et l'ambiance des vendanges toujours joyeuse. Ici, Jean-Marc s'adresse à M. Michaud, un viticulteur.

grape harvest

welcome / grape growers

JEAN-MARC:	Bonjour, Monsieur, j'ai entendu dire que vous embauchez pour les vendanges.
M. MICHAUD:	Oui, c'est exact. Vous avez déjà vendangé? Ce n'est pas toujours drôle, on travaille sous le soleil, sous la pluie...
JEAN-MARC:	Oui, je sais, mais je travaille bien. Vous payez à l'heure?
M. MICHAUD:	Oui, nous payons 35 francs de l'heure, et les journées sont de huit à dix heures.
JEAN-MARC:	Et pour le logement et les repas?
M. MICHAUD:	Je retiens° deux heures de travail par jour seulement.
JEAN-MARC:	Je suppose que ça va durer° deux ou trois semaines au maximum?
M. MICHAUD:	Oh oui, sans doute, s'il ne fait pas trop mauvais temps.
JEAN-MARC:	Eh bien, si vous voulez bien me prendre, ça m'intéresse.
M. MICHAUD:	C'est d'accord. Mais n'oubliez pas: ici, on s'amuse bien, mais on travaille dur°!

withhold

last

hard

B. Qu'est-ce qu'on dit... pendant une entrevue? Jean-Marc cherche un job d'été. Écoutez les réponses du patron; trouvez la question probable de Jean-Marc dans la liste suivante et répétez-la. 🛑

> Combien de temps est-ce que les travaux vont durer?
> Combien demandez-vous pour le logement et les repas?
> Et on gagne combien?
> Est-ce que vous embauchez pour les vendanges?
> Je serai le seul étudiant ici?
> On travaille combien d'heures par jour?

> MODÈLE: Oui, c'est exact. J'embauche pour les vendanges. →
> Est-ce que vous embauchez pour les vendanges?

1. ...   2. ...   3. ...   4. ...   5. ...

C. Impromptu. Écoutez attentivement l'échange suivant basé sur le dialogue d'**En situation.** 🔊 Puis, écoutez une deuxième fois et écrivez les expressions qui manquent.

ANNE-MARIE:	Bonjour, Madame, on m'a dit que _____[1]...?
MME BOURGET:	Oui, c'est exact. Vous _____[2]?
ANNE-MARIE:	Non, mais j'ai beaucoup d'énergie, et _____[3].
	Combien est-ce que _____[4]?
MME BOURGET:	Cette année, c'est _____[5].
ANNE-MARIE:	Je peux loger et _____[6] ici?
MME BOURGET:	Oui, mais pour ça, nous retenons _____[7] par jour.

(Les réponses se trouvent en appendice.)

Maintenant, écoutez encore une fois les questions d'Anne-Marie ou de Mme Bourget et répondez à la place de l'une ou de l'autre.

1. ...   2. ...   3. ...   4. ...

Regardons!

Une conversation entre deux commerçants

Présentation

With business slow, two shopkeepers talk in front of their stores. They discuss their upcoming vacations, their families, and their businesses.

Vocabulaire utile

les affaires	business
Ça ira bien mieux...	It will be much better . . .
les grandes vacances	summer vacation
votre congé annuel	your yearly vacation
notre fermeture	our closing
Quoi de neuf de votre côté?	What's new with you?
déménager	to move
Son travail ne lui plaisait plus...	She didn't like her job anymore . . .
cette vie insipide	this monotonous life
son congé de maternité	her maternity leave
Elle reprendra le travail...	She'll go back to work . . .
à mi-temps	part-time
une excellente crèche	excellent daycare center
toucher les allocations familiales	to get family stipends from the government
Ça vous aidera.	That will help you.
les horaires	hours
le patron	boss

Activités

A. On discute. Regardez la vidéo deux fois, puis choisissez la meilleure façon de compléter chaque phrase.

1. _____ «Vous prenez toujours votre congé annuel

2. _____ «Notre fermeture annuelle

3. _____ «Ma femme et moi,

4. _____ «Nous allons devoir prendre

5. _____ «En cette période de changement,

a. beaucoup de décisions.»
b. nous allons avoir un bébé.»
c. sera en août cette année.»
d. vous avez de la chance d'être commerçant.»
e. en juillet comme d'habitude?»

B. Quoi de neuf? Trouvez la bonne réponse.

1. Les affaires iront mieux _____.
    a. avant les fêtes
    b. en fin de semaine
    c. après les grandes vacances

2. Montpellier a la réputation d'être une ville _____.
    a. très agréable à vivre
    b. trop grande
    c. morte pendant l'hiver

3. L'agent de voyages et sa femme vont avoir un bébé en _____.
    a. juillet
    b. février
    c. décembre

4. Après son congé de maternité, sa femme _____.
    a. reprendra le travail à plein temps
    b. reprendra le travail à mi-temps
    c. ne reprendra pas le travail

5. Avec la fermeture de midi à deux heures, ils _____.
    a. auront le temps de se promener
    b. pourront faire des courses
    c. auront le temps de déjeuner en famille

C. À vous! Selon vous, quels sont les avantages d'être commerçant?

_____

_____

Pot-pourri culturel

Montpellier: Cette ville universitaire se trouve dans le sud-est de la France.

Les magasins: En France, les magasins ferment normalement de midi à deux heures pour permettre aux gens de déjeuner chez eux en famille. Cette tradition commence à changer dans les grandes villes, surtout à Paris. La grande majorité des magasins sont fermés le dimanche.

Métro-boulot-dodo (lit., *subway-work-sleep*): Cette expression signifie la routine. Au début, seuls les Parisiens utilisaient cette expression. Elle s'applique maintenant à toutes les personnes qui mènent (*lead*) une vie routinière et monotone.

La province: De plus en plus de (*More and more*) Parisiens quittent la capitale et son rythme de vie frénétique, et s'installent en province. Les autres grandes villes françaises bénéficient des projets de décentralisation.

Le congé de maternité: La France est un pays socialisé. Les Français bénéficient donc de nombreux avantages sociaux comme, par exemple, un long congé (*leave*) de maternité payé.

Les allocations familiales: Beaucoup de familles françaises qui ont au moins deux enfants reçoivent des allocations familiales tous les mois. Le gouvernement paie ces allocations pour encourager les naissances (*births*). Avec chaque nouvel enfant, la famille reçoît plus d'argent. Cette aide s'arrête à vingt ans pour les enfants qui ne sont plus étudiants ou qui ne travaillent pas encore.

Le congé annuel: Les Français ont cinq semaines de vacances payées par an et ils partent normalement en vacances en juillet et surtout en août. Pendant les grandes vacances, les commerçants ferment leurs boutiques et prennent leurs congés annuels.

Regardez la vidéo une dernière fois en faisant attention aux détails mentionnés ici.

CHAPITRE QUATORZE

Vive les loisirs!

Étude de vocabulaire

A. La vie sportive. Que font ces personnes? Écoutez chaque échange, et écrivez le nom du sport qu'on pratique.

Expressions utiles: la pêche, l'alpinisme, le cyclisme, le jogging, la pétanque

1. Ils/Elles font _____.

2. Ils/Elles font _____.

3. Ils/Elles jouent à _____.

4. Ils/Elles font _____.

5. Ils/Elles vont à _____.

(Les réponses se trouvent en appendice.)

B. Le week-end d'Albert. Écoutez les descriptions suivantes, et identifiez les activités en encerclant **a** ou **b.**

1. a. C'est une collection de timbres.

   b. C'est un billet de loterie.

2. a. Il fait de la bicyclette.

   b. Il fait de la marche à pied.

3. a. Il fait du jardinage.

   b. Il fait du bricolage.

4. a. C'est un jeu de hasard.

   b. C'est une activité de plein air.

5. a. C'est pour voir un film.

   b. C'est pour faire de la peinture.

6. a. Il va faire du ski.

   b. Il va jouer à la roulette.

7. a. Il aime la lecture.

   b. Il va au spectacle.

(Les réponses se trouvent en appendice.)

C. Loisirs de dimanche. Qu'est-ce que Delphine a vu dimanche passé? Écoutez l'histoire et complétez les phrases par écrit.

Dimanche matin, vers huit heures, Delphine _____[1] sa porte. Dans la

rue, _____[2] quelque chose de surprenant: il y avait une vingtaine

de personnes _____,[3] c'était un marathon. Comme _____[4]

assez chaud, _____[5] très soif. En fait, certains d'entre eux

_____[6] vraiment l'air de souffrir. Delphine _____[7] à

boire; trois ou quatre personnes _____[8] un verre d'eau;

_____[9] rapidement avant de reprendre la course. Delphine

_____[10] ces gens sérieux et enthousiastes; puis

_____[11] calmement son journal.

(Les réponses se trouvent en appendice.)

Maintenant, écrivez la réponse à la question suivante. 🛑

Le dimanche matin, préférez-vous faire un marathon ou lire votre journal? Expliquez votre réponse.

_____

_____

_____

_____

D. Spectateurs, spectatrices. Vous êtes à Paris à l'arrivée de la grande course cycliste: le Tour de France. Écoutez les questions d'une journaliste et les réponses de deux autres spectateurs. Ensuite, donnez une réponse à chaque question.

1. ...   2. ...   3. ...   4. ...

Voix francophones

Lettre à un ami français. Joe, un étudiant de Boston, a passé ses vacances en France chez un ami français, Robert. Écoutez la lettre de Joe à Robert, et faites les deux exercices. (STOP) 🔊✍

> Familiarize yourself with the two exercises
> that follow before listening to Joe's letter.

Cochez les activités que Joe a faites pendant son séjour en France.

_____ 1.   Il a vu un match de rugby.

_____ 2.   Il a dansé dans une discothèque.

_____ 3.   Il est allé à l'Opéra de Paris.

_____ 4.   Il a joué à la roulette dans un casino.

_____ 5.   Il a assisté à un concert de jazz.

_____ 6.   Il a fait de la planche à voile.

_____ 7.   Il a visité le musée du Louvre à Paris.

_____ 8.   Il a fait une promenade dans les collines de Provence.

(Les réponses se trouvent en appendice.)

Complétez les phrases.

L'été prochain, que fera Robert aux États-Unis?

1.   Il assistera à des matchs de _____.

    a. base-ball   b. football américain   c. basket-ball   d. hockey sur glace

2.   Il fera _____.

    a. du canoë   b. du cheval   c. du rafting   d. du parachutisme

3.   Il visitera _____.

    a. San Francisco   b. Disney World   c. Las Vegas   d. le Colorado

(Les réponses se trouvent en appendice.)

Étude de grammaire

50. Interrogative Pronouns

GETTING INFORMATION

A.   La course de Danielle. Regardez le dessin et l'exercice qui suit, (STOP) puis écoutez l'histoire. 📼🏠

Danielle

Maintenant, écoutez les questions et répondez-y à la place de l'ami de Danielle. Complétez chaque phrase par écrit. 📼🏠 (STOP)

1. Il y a _____ aujourd'hui.

2. Elle aime faire _____.

3. Elle va participer _____.

4. Elle a mis _____.

5. C'est une sorte de chapeau pour se protéger _____.

6. Je vais encourager _____.

7. _____ va la _____, bien sûr!

(Les réponses se trouvent en appendice.)

B. **Interrogation.** Écoutez chaque question en regardant les réponses possibles. Encerclez **a** ou **b** pour indiquer la réponse la plus logique.

> MODÈLE: Qu'est-ce qui est arrivé?
>
> > a. mon oncle Gérard
> >
> > (b.) une tempête de neige

1. a. des provisions

    b. mon mari

2. a. mon père

    b. mes devoirs

3. a. mon voisin

    b. ma bicyclette

4. a. du professeur

    b. de la politique

5. a. mes idées

    b. ses meilleurs amis

6. a. mon cousin

    b. un taxi

7. a. avec des paquets

    b. avec sa femme

8. a. nos camarades

    b. le début du film

(Les réponses se trouvent en appendice.)

C. **Et vous?** Écoutez ces questions et donnez votre réponse.

1. ...   2. ...   3. ...   4. ...   5. ...

51. The Present Conditional

BEING POLITE; SPECULATING

A. **Je suis très occupé(e).** Que ferais-tu si tu avais le temps? Écoutez chaque question et répondez en suivant les modèles.

> MODÈLES: Tu regardes la télé? → Eh bien... je regarderais la télé si j'avais le temps.
>
> > Tu finis ton devoir? → Eh bien... je finirais mon devoir si j'avais le temps.

1. ...   2. ...   3. ...   4. ...

B. **Que ferait Cassandre si elle était libre ce soir?** Suivez le modèle.

> MODÈLE: Est-ce qu'elle viendrait chez nous? → Oui, si elle était libre, elle viendrait chez nous.

1. ...   2. ...   3. ...   4. ...

C. Si je gagnais une grosse somme... Écoutez les déclarations suivantes et complétez-les par écrit. Qu'est-ce que tu ferais si tu gagnais une grosse somme d'argent?

—Si je gagnais une grosse somme d'argent, je crois que ma première idée

_____[1] d'acheter une maison ou un appartement.

J'_____[2] habiter à Toulouse. Et puis, j'_____[3]

de garder un minimum d'argent pour voyager.

—Moi, je _____[4] la pension d'une bonne maison de retraite pour

mes grands-parents et j'_____[5] le reste.

—Moi, j'_____[6] une grande maison, et j'_____[7]

ma famille en Afrique.

—Moi, je _____[8] un grand bateau et j'_____[9]

voyager dans le Pacifique.

(Les réponses se trouvent en appendice.)

D. Qu'est-ce que vous feriez si... ? Écoutez chaque question, et donnez une réponse personnelle par écrit.

1. S'il _____

_____.

2. Si j'_____

_____.

52. Adverbs and Nouns

MAKING COMPARISONS

A. Bruno mène une vie plus aisée (*richer*) **que Jacques.** D'abord, écoutez Bruno—qui n'est pas du tout modeste—se comparer à son ami Jacques.

Maintenant, repassez les remarques de Bruno une deuxième fois. Écoutez les questions posées et répondez-y à la place de Bruno.

MODÈLES: Qui a moins d'argent, Jacques ou toi? → Jacques a moins d'argent que moi.

Qui a plus de voitures? → Moi, j'ai plus de voitures que lui.

1. ...   2. ...   3. ...   4. ...   5. ...

B. **Trois collègues.** Voici trois personnages qui sont de caractère et de physique très différents. Regardez leurs portraits, écoutez les questions et répondez-y en encerclant le nom du personnage approprié.

ASTÉRIX

OBÉLIX   PANORAMIX

1.	Astérix	Panoramix	Obélix	6.	Astérix	Panoramix	Obélix
2.	Astérix	Panoramix	Obélix	7.	Astérix	Panoramix	Obélix
3.	Astérix	Panoramix	Obélix	8.	Astérix	Panoramix	Obélix
4.	Astérix	Panoramix	Obélix	9.	Astérix	Panoramix	Obélix
5.	Astérix	Panoramix	Obélix	10.	Astérix	Panoramix	Obélix

(Les réponses se trouvent en appendice.)

Étude de prononciation

Les sons de la lettre *e*

L'accent aigu (é). The acute accent (**l'accent aigu**) usually indicates the sound [e].

Écoutez et répétez:

> un g<u>é</u>nie id<u>é</u>aliste
> un num<u>é</u>ro de t<u>é</u>l<u>é</u>phone
> les cl<u>é</u>s de la cit<u>é</u>

The grave and circumflex accents (**l'accent grave, l'accent circonflexe**) on the letter **e** (**è, ê**) usually indicate the sound [ɛ].

Écoutez et répétez:

> une tr<u>è</u>s b<u>e</u>lle fen<u>ê</u>tre
> un p<u>è</u>re sinc<u>è</u>re
> Je suis pr<u>ê</u>t à m'arr<u>ê</u>ter.

The diaeresis (**le tréma**) (**ë**) also indicates the sound [ɛ]; it also indicates that two successive vowels are to be pronounced distinctly.

Écoutez et répétez:

> les vacances de Noël
> un voyage en Israël
> Tu téléphones à Michaël?

E muet: [ə]°

Mute E

The "mute," or silent, **e** is a very short sound represented by the letter **e,** and the phonetic symbol [ə].

Répétez les mots suivants en une syllabe:

> de   que   ne
> ce   le   me

The final "mute" **e** of a word with more than one syllable is usually silent.

Répétez les mots suivants:

> septembr∉   exempl∉
> banan∉   sympathiqu∉

The "mute" **e** is not pronounced within certain combinations of sounds. For example, it is usually dropped after a single consonant.

Répétez:

> Je n∉ sais pas.   Prends l∉ thé.
> rapid∉ment   Ell∉ a d∉ bons amis.
> chez l∉ docteur   Sa d∉mand∉ est util∉.

To avoid pronouncing a series of three consonants, the "mute" e is usually pronounced after two successive consonants.

> mercredi et vendredi
> C'est simplement le gouvernement.
> Voici un chèque pour le docteur.
> Cette fenêtre est ouverte.

French pronunciation rules concerning the "mute" e are complicated; it's best to learn them by imitation.

Répétez:

> la séance de deux heures
> Je cherche un peu de monnaie.
> Il n'y a pas de queue.
> J'aimerais bien grignoter quelque chose.
> avec cette drôle de voix

Dictée. Écoutez Stéphane, un Français habitant à Minneapolis, qui décrit une sortie exceptionnelle. Ensuite, écoutez une deuxième fois et complétez le passage par écrit.

J'_____[1] mes amis et organiser des sorties _____.[2]

Je ne parle pas simplement d'_____[3] (nightclub) ou

dans un bar _____.[4] Je pense entre autres à ce week-end que

_____[5] la semaine dernière pour ce groupe de Français:

_____[6]!

   Nous sommes _____[7] partis pour la côte nord du lac Supérieur et

_____[8] jusqu'à Grand Portage. Plus tard, nous sommes repartis pour

Chicago. En gros, _____[9] d'excellentes _____[10]

dont _____[11] épuisés (exhausted).

(Les réponses se trouvent en appendice.)

Prenez l'écoute!

A. **Mes loisirs.** Lise Béhar, une étudiante en sciences, parle de ses passe-temps avec un nouvel ami, Gabriel. Écoutez le dialogue et indiquez si les phrases ci-dessous sont vraies (**V**) ou fausses (**F**).

Vrai ou faux?

1. En général, Lise trouve que son travail à la fac est trop difficile.   V   F

2. Elle adore passer son temps libre avec un groupe d'amis.   V   F

3. Lise fait du sport uniquement pour garder la forme.   V   F

4. Elle va aux expositions d'art, mais elle ne sait pas dessiner.   V   F

5. C'est l'art ancien qu'elle préfère.   V   F

6. Si Lise avait le temps, elle ferait probablement plus de théâtre.   V   F

(Les réponses se trouvent en appendice.)

B. Un entretien avec... Caroline Lesperance. Caroline Lesperance a 20 ans. Elle est étudiante à Montréal, au Québec.

Écoutez les questions de l'interviewer et la réponse de Caroline. Puis, faites l'activité qui suit.

Vrai ou faux?

1. Caroline participe à plusieurs sports d'hiver.   **V   F**

2. Caroline fait beaucoup de sport, mais elle n'aime ni les livres ni l'art.   **V   F**

3. C'est une personne plutôt solitaire.   **V   F**

4. Caroline adore écrire des lettres.   **V   F**

(Les réponses se trouvent en appendice.)

En situation

A. Séance de cinéma. Écoutez deux fois la conversation suivante en faisant attention aux questions que Maureen pose à sa copine Gisèle. Puis, faites les activités B et C.

Maureen, une Américaine, travaille au pair dans une famille française à Toulouse. Aujourd'hui elle va au cinéma avec une amie toulousaine, Gisèle. Dans la salle de cinéma française, Maureen découvre quelques petites différences.

GISÈLE:	Bonjour, je voudrais deux billets pour la séance° de deux heures, s'il vous plaît. Tiens, Maureen, tu peux donner les tickets à l'ouvreuse°?	*show* *usher*
MAUREEN:	Oui, mais qu'est-ce que tu fais?	
GISÈLE:	Je cherche un peu de monnaie pour lui donner un pourboire.°	*tip*
MAUREEN:	Ah, d'accord... C'est curieux, il n'y a pas de queue.°	*line*
GISÈLE:	Oui, ici les cinémas ouvrent un peu avant la séance et on attend dans la salle.	
MAUREEN:	Et il n'y a rien à boire ou à manger?	
GISÈLE:	Si, une ouvreuse va passer pendant l'entracte.°	*intermission*
	(*Maureen et Gisèle regardent l'annonce d'un film de Clint Eastwood,* Le Pouvoir absolu, *un vidéoclip de U2 comme court métrage et les publicités. Puis, c'est l'entracte.*)	
MAUREEN:	Moi, j'aimerais bien grignoter° quelque chose.	*snack on*
GISÈLE:	Moi aussi, j'aimerais bien une petite glace au chocolat. Appelons l'ouvreuse!	
MAUREEN:	Écoute, Gisèle, c'est vraiment trop drôle.	
GISÈLE:	Qu'est-ce qui est drôle?	
MAUREEN:	C'est d'entendre Clint Eastwood parler français, avec cette drôle de voix.°	*drôle... odd voice*
GISÈLE:	C'est vrai, j'ai oublié. Les films étrangers sont généralement doublés° ici. Ça surprend°!	*dubbed* / Ça... *It's surprising*

B. **Qu'est-ce qu'on dit... pour faire une critique de film?** Regardez la liste de films ci-dessous 🛑 et écoutez les résumés. Puis associez chaque résumé avec le film correspondant (#1 → #5). 🔊

```
_____ Alien              _____ Sleepless in Seattle

_____ Roxanne            _____ Schindler's List

_____ Unforgiven            0    Star Wars
```

Maintenant écoutez une deuxième fois. 🔊 Prononcez le nom du film et réagissez en utilisant une des expressions ci-dessous. 🛑

Quel chef-d'œuvre!   Je ne le recommande à personne.
Je l'ai trouvé extraordinaire.   C'est un film vraiment minable.
C'est un film remarquable.   C'est un film très décevant.
Il est formidable.   C'est un film banal.
Il est super.   C'est un film ennuyeux.

MODÈLE: C'est le film de science-fiction des années soixante-dix où on a vu pour la première fois deux robots-amis aux personnalités très engageantes. →
C'est «Star Wars». Quel chef-d'œuvre!

(Les réponses se trouvent en appendice.)

C. **Impromptu.** Écoutez attentivement l'échange suivant basé sur le dialogue d'**En situation.** 🔊 Puis, écoutez une deuxième fois et écrivez les expressions qui manquent.

MAUREEN: _____[1] de queue?

GISÈLE: Parce que _____[2] avant la séance et qu'on

_____[3].

MAUREEN: _____[4] là?

GISÈLE: _____[5] un petit pourboire à l'ouvreuse.

C'est encore la coutume ici.

MAUREEN: Tu veux venir _____[6]?

GISÈLE: Attends un peu... une ouvreuse _____[7] dans la salle.

(Les réponses se trouvent en appendice.)

Maintenant écoutez encore une fois les questions de Maureen, et répondez à la place de Gisèle. 🔊

1. ...   2. ...   3. ...

Regardons!

Le champion de ski

Présentation

This scene has three parts. First, Caroline calls Paul at home to talk about their upcoming skiing vacation. Then, the two are at the train station, on their way to Chamonix. Finally, we see them return from their trip.

Vocabulaire utile

une cabine téléphonique	telephone booth
prendre les billets	to get the tickets
Ils vont nous retrouver...	They're going to meet us . . .
On n'oublie rien?	We're not forgetting anything?
tous les préparatifs	all the preparations
sur les pistes	on the slopes
Où vas-tu louer... ?	Where are you going to rent . . . ?
Je te préviens.	I warn you.
Alors n'exagère pas...	So don't exaggerate . . .
Ils sont même déjà compostés.	They (the tickets) are even already punched.
des places non-fumeurs	nonsmoking seats
Mon pauvre chou!	Poor thing! You poor thing!
Je ne suis pas encore habitué...	I'm still not used to . . .
sacrées béquilles	darned crutches
un plâtre	cast

Activités

A. Les vacances de ski. Regardez la vidéo une première fois pour une vue d'ensemble (*overview*). Ensuite, regardez-la une deuxième fois et indiquez si les phrases suivantes sont vraies (**V**) ou fausses (**F**).

1. Le numéro de téléphone de Paul est le quarante-deux, vingt-deux,   **V**   **F**
   quatre-vingt-dix-neuf, trente-deux.

2. Caroline veut parler de leurs vacances à la montagne.   **V**   **F**

3. Paul va prendre les pistes faciles avec Caroline.   **V**   **F**

4. Ils ont des places non-fumeurs.   **V**   **F**

5. Paul n'est pas habitué à marcher avec des béquilles.   **V**   **F**

B. Ah, les bonnes vacances! Trouvez la réponse correcte.

1. Caroline téléphone à Paul de (d') _____.
   a. chez elle
   b. la fac
   c. une cabine téléphonique

2. Michel et Bénédicte vont les retrouver _____.
   a. jeudi après-midi
   b. dimanche
   c. mercredi

3. Paul _____.
   a. n'a pas d'équipement
   b. va louer son équipement là-bas
   c. a déjà son équipement

4. Paul _____.
   a. n'a pas composté les billets
   b. a oublié les billets et les réservations
   c. a déjà composté les billets et enregistré les skis

5. C'est le retour triomphal du champion avec _____.
   a. un bras cassé
   b. une jambe cassée
   c. une médaille

C. L'accident. Utilisez votre imagination et racontez brièvement comment Paul s'est cassé la jambe.

_____

_____

_____

_____

_____

_____

_____

_____

D. À vous! Répondez aux questions.

1. Quelle est la meilleure saison pour faire du ski?

_____

2. Pouvez-vous nommer d'autres stations de ski en Europe? en Amérique du Nord?

_____

3. Quels autres sports peut-on faire à la montagne?

_____

Pot-pourri culturel

La télécarte: On peut acheter une télécarte à la poste, dans une librairie ou au bureau de tabac. Son prix varie selon le nombre d'unités. La télécarte permet de téléphoner partout, en France et dans tous les autres pays. Certaines séries de télécartes sont dessinées par des artistes connus, et elles deviennent alors très recherchées (*sought after*) par les collectionneurs.

Chamonix: Une station de sports d'hiver très réputée (*famous*), Chamonix est situé dans les Alpes, au pied du Mont-Blanc, la plus haute montagne d'Europe. De Chamonix, on peut aller en Italie en prenant (*by taking*) le tunnel du Mont-Blanc. Les stations de Chamonix, Grenoble et Albertville évoquent les jeux Olympiques d'hiver (1992).

La SNCF: La Société nationale des chemins de fer français est une société nationalisée qui s'occupe de tout le réseau ferroviaire (*railroad network*) français. Les Français voyagent beaucoup en train parce que l'avion est un moyen de transport encore cher.

Le TGV: Le Train à Grande Vitesse est le train le plus rapide du monde. Il peut atteindre une vitesse de 300 km/heure (*188 miles/hour*) et rapproche (*links*) maintenant les plus grandes villes françaises.

Regardez la vidéo une dernière fois en faisant attention aux détails mentionnés ici.

CHAPITRE QUINZE

Opinions et points de vue

Étude de vocabulaire

A. **Règles de conduite.** Écoutez la plate-forme d'un parti politique écologiste. Ensuite, transformez l'infinitif en *nom* et complétez les phrases ci-dessous.

> Listen to the infinitive forms and write their noun equivalents.

1. _____ **La pollution** _____ de l'environnement est scandaleuse.

2. _____ de la pollution est indispensable.

3. _____ de ressources naturelles est fondamentale.

4. _____ du recyclage est important.

5. Nous sommes responsables de _____ des animaux.

6. _____ de nos efforts est inévitable.

7. _____ de bons candidats est cruciale.

(Les réponses se trouvent en appendice.)

B. **Questions contemporaines.** Écoutez les explications suivantes. Encerclez la lettre correspondant à l'expression associée.

1. a. les ressources naturelles
   b. les voitures

2. a. l'utilisation de l'énergie solaire
   b. l'utilisation du pétrole

3. a. des déchets
   b. des solutions

4. a. les conflits
   b. les médias

5. a. le gaspillage
   b. le recyclage

6. a. une toute petite voiture
   b. un vélo

(Les réponses se trouvent en appendice.)

C. L'Europe unifiée. Voici une description de l'Union européenne. Savez-vous quels en sont les pays membres?

Écoutez le speaker, et écrivez sur la carte ci-dessous le nom de chacun des pays formant l'Union européenne.

(Les réponses se trouvent en appendice.)

D. Réagissez! Écoutez les déclarations suivantes, et donnez votre réaction. Utilisez les expressions suggérées.

> Start each of your remarks with **à mon avis,
> pour ma part,** or **personnellement.** Answers
> on the recording are suggested answers only.

MODÈLE: On doit éliminer la guerre. (je trouve que... [ne... pas] essentiel) →
Personnellement, je trouve qu'il est essentiel d'éliminer la guerre.

1. je crois que... (ne... pas) important...

2. j'estime que... utile/inutile...

3. je trouve que... (ne... pas) nécessaire...

4. je pense que... possible/impossible...

Voix francophones

Le fossé (*gap*) **des générations.** Des journalistes de l'*Express* ont interviewé des adolescents français de 13 à 17 ans. Naturellement, ils avaient certaines choses à reprocher à leurs parents.

Écoutez une première fois les remarques d'une adolescente. À la deuxième écoute, cochez les défauts (*faults*) que cette «ado» reproche aux parents.

█EN COUVERTURE

Tout ce que les ados pensent sans jamais le dire

_____ la fragilité   _____ l'abandon des rêves

_____ la stupidité   _____ la cruauté

_____ la peur   _____ les jugements inconsidérés

_____ l'imitation des jeunes _____ la hantise de l'argent

_____ la politesse   _____ le conformisme

_____ l'incapacité d'aimer   _____ le manque d'idéalisme

(Les réponses se trouvent en appendice.)

Maintenant, écrivez les réponses aux questions suivantes. (STOP)

1. De quoi les parents ont-ils peur, selon les adolescents?

   _____

   _____

2. Trouvez-vous justes les remarques de cette jeune fille? Ou bien, les trouvez-vous fausses, exagérées? Pourquoi ou pourquoi pas?

   _____

   _____

   _____

Étude de grammaire

53. Subjunctive Mood

EXPRESSING ATTITUDES

A. Élections. Luc et Simon ont contacté Françoise pour la persuader de poser sa candidature au Conseil de l'université. Écoutez une première fois certaines suggestions qu'ils lui ont faites.

Écoutez l'histoire une deuxième fois, et complétez par écrit les suggestions des amis de Françoise. (STOP)

Ils voudraient que Françoise...

_____**pose**_____ sa candidature au Conseil.

_____ une campagne énergique.

_____ souvent avec l'électorat.

_____ toute la littérature de l'opposition.

_____ le Conseil en charge.

_____ pour les droits des étudiants.

_____ à persuader l'administration qu'ils ont raison.

(Les réponses se trouvent en appendice.)

B. Lucien cherche son premier emploi. Ses parents lui donnent des conseils. Écoutez les suggestions de son père. Ensuite, jouez le rôle de sa mère en disant: **Ton père veut que...**

MODÈLE: Prends ton temps! → Ton père veut que tu prennes ton temps.

1. ...   2. ...   3. ...   4. ...   5. ...

C. Différences d'opinion. Voici deux individus dont les opinions politiques diffèrent. Écoutez chaque remarque et encerclez le nom de la personne qui l'aurait faite (*would have made it*).

1.   Jérôme   Brigitte   4.   Jérôme   Brigitte

2.   Jérôme   Brigitte   5.   Jérôme   Brigitte

3.   Jérôme   Brigitte   6.   Jérôme   Brigitte

(Les réponses se trouvent en appendice.)

D. Un candidat hésitant. Votre candidat préféré, Pierre Dutourd, s'est présenté aux élections municipales. Écoutez ses remarques et réagissez avec: **Mais nous aimerions que vous...**

MODÈLE: Je suis assez travailleur... → Mais nous aimerions que vous soyez travailleur!

1. ...   2. ...   3. ...   4. ...

E. Vendredi soir. Que voulez-vous faire avec vos amis pendant le week-end? Écoutez les choix proposés par vos amis et répondez.

> The answers on the recording are suggested answers.

MODÈLE: Tu veux qu'on fasse une promenade ou qu'on travaille? → Moi, je veux qu'on fasse une promenade.

1. ...   2. ...   3. ...   4. ...   5. ...

54. The Subjunctive

EXPRESSING WISHES, NECESSITY, AND POSSIBILITY

A. Conseils. M. Laborde est parfois d'accord avec ses enfants Martin et Corinne. Parfois il n'est pas d'accord avec eux. Écoutez les remarques de M. Laborde et indiquez s'il parle *à Corinne* ou *à Martin*.

1. à Corinne   à Martin   5. à Corinne   à Martin

2. à Corinne   à Martin   6. à Corinne   à Martin

3. à Corinne   à Martin   7. à Corinne   à Martin

4. à Corinne   à Martin

(Les réponses se trouvent en appendice.)

B. Conseils aux jeunes. M. Laborde parle à des jeunes qui vont voter pour la première fois. Écoutez ses propos et répétez-les en mettant *l'infinitif* à la place du subjonctif.

> MODÈLE: Il faut que vous compreniez les questions.   →   Il faut comprendre les questions.

1. ...   2. ...   3. ...   4. ...   5. ...

C. Souhaits. Quels sont les espoirs (*hopes*) des membres de votre famille à votre égard? Écoutez chaque question et les réponses de deux autres étudiants. Ensuite, donnez une réponse personnelle.

1. ...   2. ...   3. ...   4. ...

D. Oui ou non? Voici quelques questions sur vos projets d'avenir. Écoutez chaque question et complétez les réponses par écrit.

1. Oui/Non, il (n')est (pas) possible que _____

    parce que _____.

2. Oui/Non, il (n')est (pas) temps que _____

    parce que _____.

3. Oui/Non, il (n')est (pas) normal que _____

    parce que _____.

4. Oui/Non, il (n')est (pas) probable que _____

    parce que _____.

55. The Subjunctive

EXPRESSING EMOTION

A. **Stéphane est désolé.** Il a eu une bonne amie, Claudette, qui ne veut plus le voir. Écoutez une première fois la description de sa situation.

Écoutez l'histoire de Stéphane une deuxième fois.   Puis, complétez les phrases suivantes en vous inspirant de l'histoire.

> Be careful when spelling the subjunctive forms.

1. Stéphane regrette que Claudette ne _____ (vouloir) plus le voir.

2. Il est désolé que certains amis la _____ (voir) encore.

3. Il est furieux que Claudette ne _____ (venir) plus chez lui.

4. Il regrette qu'ils _____ (se connaître) si bien.

5. Il doute qu'ils _____ (pouvoir) se réconcilier maintenant.

6. Il est content que Marie-Louise _____ (être) toujours une bonne amie.

(Les réponses se trouvent en appendice.)

B. **L'Europe nouvelle.** Voici quelques commentaires sur l'Union européenne. Écoutez chaque phrase et indiquez si la proposition (*clause*) subordonnée comporte un verbe au subjonctif. Encerclez **I** (indicatif) ou **S** (subjonctif).

MODÈLES: Je souhaite qu'on vive en paix (*peace*).   I   Ⓢ

Il est clair que l'inflation persistera.   Ⓘ   S

1. I   S   4. I   S   7. I   S

2. I   S   5. I   S   8. I   S

3. I   S   6. I   S

(Les réponses se trouvent en appendice.)

Étude de prononciation

Les sons [r] et [l]

The English *r* is pronounced toward the front of the mouth: *sports, rose.* The French [r] is usually pronounced at the back of the mouth: **sport, rose.**

A. Écoutez et prononcez:

sport / rose / arrive / soir / février
un cours de sport
les terres de mon frère
une rue romaine

The French [l] is pronounced at the front of the mouth, with the tongue pressing against the upper teeth: **le lac, la librairie.**

B. Écoutez et prononcez:

livre / mademoiselle / calme / bleu / avril
un film à la faculté
lisez-le lundi
Salut! Allons-y!

Les consonnes finales

Final consonants in French are usually silent: **papier, progrès.** However, the final consonants of certain words *are* pronounced: **mer, chic.** Pay attention to your instructor and other French speakers and imitate their final consonants.

A. Écoutez et répétez les mots suivants. Soulignez (*Underline*) les consonnes finales prononcées.

MODÈLE: du bœuf frais

une mer d'azur	le passager africain	la clef retrouvée
un père attentif	un short chic	l'hôtel blanc
un rôti de porc	le tennis international	un loyer modeste
le sud-est	le concours initial	un serveur gentil

(Les réponses se trouvent en appendice.)

B. Écoutez les deux expressions et soulignez celle dont la consonne finale *n'est pas* prononcée.

MODÈLE: un œuf   des œufs

1.	le lac	le tabac	5.	le fils	le tapis
2.	les bœufs	le bœuf	6.	l'œuf	la clef
3.	dîner	fier	7.	le sud	le nord
4.	la mer	le premier			

(Les réponses se trouvent en appendice.)

C. **Dictée.** Écoutez Guillaume, un ingénieur lyonnais qui nous explique sa politique. Ensuite, écoutez une deuxième fois et complétez le passage par écrit. 🔊📻

Sans être passionné par la politique, _____[1] ce qui _____[2]

et _____[3] pour qui _____[4] avec soin (*care*). Je

ne suis (*follow*) l'économie que vaguement, car _____[5] au jargon des

spécialistes.

Par contre, je suis très sensible aux _____[6],

d'autant plus que la France a beaucoup de _____[7] Le pays étant petit,

un accident nous obligerait à nous exiler. _____[8] les gens plus

conscients des problèmes de _____[9] et de surconsommation

de plastique, de _____[10] et de _____[11]

_____[12]

dans les rivières sans risque de _____,[13] comme

quand _____.[14]

(Les réponses se trouvent en appendice.)

Prenez l'écoute!

A. **La société contemporaine.** Madeleine Monnot, récemment élue maire de sa ville québécoise, répond aux questions d'un journaliste. Regardez la liste ci-dessous, et cochez les questions qui préoccupent surtout Mme Monnot. 🔊📻

_____ 1. les frontières ouvertes entre nations

_____ 2. le prix des billets d'avion

_____ 3. la nouvelle politique internationale

_____ 4. l'évolution de la société au niveau mondial

_____ 5. les transports en commun de sa ville

_____ 6. l'ouverture politique Est-Ouest

_____ 7. la tolérance des différences religieuses et culturelles

_____ 8. la protection de la langue française au Québec

_____ 9. la préservation de l'environnement

(Les réponses se trouvent en appendice.)

B. **Un entretien avec... Henri Meyniel.** Henri Meyniel est un Algérien de 32 ans, né à Dellys, en Algérie. Il est écrivain.

Écoutez la question de l'interviewer et la réponse de M. Meyniel. Puis, faites l'activité qui suit. 🔊📺 🛑

Vrai ou faux?

1. M. Meyniel a peur de la surpopulation mondiale.   **V**   **F**

2. Par conséquent, il craint la famine et la pollution.   **V**   **F**

3. Il envisage un avenir encore plus difficile.   **V**   **F**

4. Il pense que les découvertes scientifiques peuvent résoudre ces problèmes.   **V**   **F**

(Les réponses se trouvent en appendice.)

En situation

A. **L'Euro: la nouvelle monnaie européenne.** Écoutez deux fois la conversation suivante, en faisant attention aux expressions d'opinion de Tony et de Suzanne. Puis, faites les activités B et C. 🔊📺

Suzanne, une étudiante lyonnaise, discute avec Tony, un ami anglais, qui, comme elle, étudie les sciences politiques à l'université de Lyon. Les deux amis ne sont pas du tout d'accord sur la valeur qu'apporte l'euro—la monnaie° européenne commune—à l'économie de leur pays.

currency

SUZANNE: Eh bien, à partir du 1er janvier 2002, l'Union européenne monétaire n'était plus un rêve. Toute l'Europe utilise maintenant l'euro.

TONY: Moi, je suis persuadé qu'il est trop tôt pour établir un système monétaire commun. L'union politique doit précéder l'union monétaire.

SUZANNE: Ne t'inquiète pas. Nous avions plus de trois ans pour effectuer° la transition.

carry out

TONY: Cela ne suffit pas. Tu devrais comprendre que l'économie de la Grande-Bretagne n'est pas conforme à celle du continent; nos taux d'intérêt° sont plus élevés. L'union monétaire, ce serait un désastre financier qui mènerait à une inflation dangereuse.

taux... *interest rates*

SUZANNE: Tu ne vois donc pas que le système de l'euro assurera la solidité de notre monnaie par rapport au Deutsche Mark° ou même au dollar américain? Ce concept est crucial.

Deutsche... *German mark*

TONY: N'oublie pas que l'Europe n'est pas les États-Unis d'Amérique! Et ça ne le sera probablement jamais. En Europe, nos différences culturelles dérivent en grande partie des différences entre nos politiques économiques.

SUZANNE: Pour nous les Français, le franc, qui porte l'image de Marianne,° représente notre identité. Mais l'euro, ça fait partie d'une progression logique. Tu sais bien que pour le commerce, les opérations seront plus simples et moins chères. Il n'y aura plus de problèmes de cours du change°...

female symbol of the French Revolution

cours... *exchange rates*

TONY: Chez nous, la transition sera très difficile. Nos
institutions ne sont pas contrôlées par l'État
comme en France. Il nous faudra plus de temps...

B. Qu'est-ce qu'on dit... pour donner des conseils? En France, les parcs nationaux imposent des règles de conduite assez strictes aux visiteurs.

Regardez les expressions ci-dessous pendant un moment. 🛑 Ensuite, écoutez les règles de conduite des parcs nationaux, ainsi que les objections d'un visiteur. Donnez-lui votre avis. 🔊

Expressions utiles:

Je vous conseille de...   Je recommande que vous...
À votre place, je...   Vous devriez...
Je suis convaincu(e) / persuadé(e) que...   N'oubliez pas que...
Savez-vous que... ?

Les Espaces Protégés C'est quoi ?

Le Ministère de l'Environnement vous livre les secrets des Espaces Protégés.

MODÈLE: Il ne faut pas amener votre chien. Les animaux domestiques ne sont pas permis
dans le parc.—Quelle injustice! Je ne voyage jamais sans mon chien! →
À votre place, je n'amènerais pas mon chien.

1. ...   2. ...   3. ...   4. ...

C. Impromptu. Écoutez attentivement l'échange suivant basé sur le dialogue d'**En situation.** 🔊
Puis, écoutez une deuxième fois et écrivez les expressions qui manquent.

TONY: Moi, _____[1] 'il est trop tôt pour établir un

système monétaire commun.

SUZANNE: Écoute. _____[2] pour effectuer la transition.

TONY: _____[3] n'est pas les États-Unis d'Amérique!

SUZANNE: Mais _____[4] que l'euro, ça fait partie d'une

progression logique.

TONY: _____[5] 'il nous faudra plus de temps.

SUZANNE: Mais penses-y: toutes les opérations commerciales _____[6]...

(Les réponses se trouvent en appendice.)

Maintenant, écoutez encore une fois les commentaires de Tony et donnez vous-même les réactions de Suzanne.

1. ...   2. ...   3. ...

Regardons!

Les problèmes d'aujourd'hui

Présentation

A reporter interviews several people in a park to find out their views on various current issues.

Vocabulaire utile

en direct	live
leurs soucis quotidiens	their everyday concerns
Vous pouvez approfondir?	Could you elaborate?
pas de débouchés	no opening
avec un taux de chômage pareil	with such a high unemployment rate
envers les immigrés	toward immigrants
menace la planète	threatens the planet
il y en a eu	there have always been
manquer	to lack
l'avenir	future
le vingt et unième siècle	21st century
Je vous en prie!	You're welcome!
l'espoir	hope

Activités

A. **L'opinion des gens de la rue.** Regardez la vidéo une première fois. Puis, regardez-la à nouveau et mettez dans l'ordre les problèmes mentionnés.

_____ a. l'environnement

_____ b. les médias

_____ c. l'économie

_____ d. pas de travail pour les jeunes

_____ e. la violence, l'alcoolisme, la drogue

B. **La société d'aujourd'hui.** Choisissez la bonne réponse.

1. Le premier homme pense que (qu') _____.
   a. les gens ne veulent pas travailler
   b. il est difficile de trouver du travail
   c. les gens ne font pas assez d'études

2. Le deuxième homme affirme que le gouvernement _____.
   a. devrait stimuler l'économie, créer de nouveaux emplois
   b. n'est pas responsable de la situation
   c. fait déjà beaucoup

3. Dans le couple, la femme est concernée par _____.
   a. la violence, l'alcoolisme, la drogue et le racisme
   b. le manque de valeurs morales
   c. la crise économique

4. La femme qui est avec son fils pense que la pollution _____.
   a. est un problème exagéré
   b. menace l'avenir de la planète
   c. n'existe pas en France

5. Le vieux monsieur affirme qu'on a des problèmes parce que _____.
   a. les gens sont indifférents
   b. les jeunes manquent d'ambition
   c. les médias exagèrent tout

C. **Nos problèmes.** Selon vous, quels sont les problèmes les plus graves aujourd'hui en Amérique du Nord? Êtes-vous optimiste en ce qui concerne le temps à venir?

_____

_____

_____

_____

_____

_____

_____

CHAPITRE SEIZE

Le monde francophone

Étude de vocabulaire

A. **Connaissez-vous la géographie canadienne?** Regardez la carte ci-dessous pendant un moment. 🛑 Maintenant, répondez aux questions suivantes, toujours en regardant la carte.

MODÈLE: Quelle est la plus grande province du Canada? → Le Québec.

1. ... 2. ... 3. ... 4. ... 5. ... 6. ... 7. ... 8. ...

B. **Le français dans le monde.** Écoutez chaque description et cherchez le pays sur la carte. Identifiez le pays ou la région avec son numéro. 🎧📼

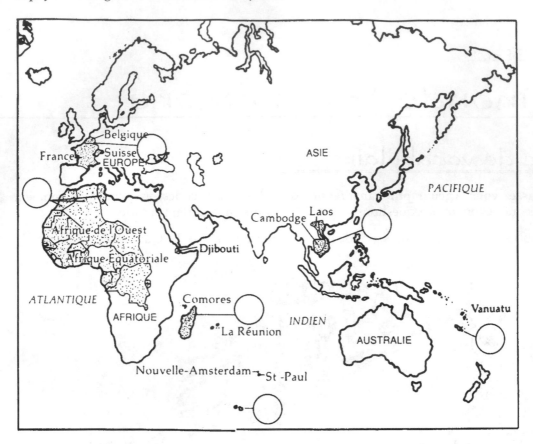

1. ...   2. ...   3. ...   4. ...   5. ...   6. ...

(Les réponses se trouvent en appendice.)

Regardez encore une fois la carte ci-dessus. Devinez les noms des pays, tirés de la liste suivante. Écrivez le ou les nom(s) à côté des numéros. 🛑 🎧📼

Expressions utiles:

les îles Kerguelen	le Maroc, l'Algérie, la Tunisie
le Luxembourg	la Nouvelle-Calédonie
Madagascar	le Viêtnam

1. _____

2. _____

3. _____

4. _____

5. _____

6. _____

(Les réponses se trouvent en appendice.)

C. **Le français dans le Nouveau Monde.** Écoutez la question ou le début de la phrase et encerclez la lettre correspondant à la réponse logique.

1. a. Haïti, la Martinique et la Guadeloupe

   b. New York et la Nouvelle-Angleterre

2. a. québécoise

   b. francophone

3. a. quitter le Canada

   b. s'établir au Canada

4. a. seulement à La Nouvelle-Orléans

   b. en Louisiane et en Nouvelle-Écosse

5. a. sont encore des territoires français

   b. sont devenues anglaises en 1755

6. a. Ils ont acheté des territoires à Napoléon.

   b. Ils ont vendu la Louisiane à Napoléon.

7. a. les défilés du Mardi gras

   b. les défilés du vendredi saint

(Les réponses se trouvent en appendice.)

D. **Africains et Maghrébins.** Écoutez les propos suivants et posez les questions correspondantes en utilisant les adjectifs de la liste.

Expressions utiles:

algérien(ne)	marocain(e)
congolais(e)	sénégalais(e)
ivoirien(ne)	tunisien(ne)
malgache	

MODÈLE: D'où viens-tu? —Je viens de Côte-d'Ivoire. → Ah oui, tu es ivoirienne?

1. ...　　2. ...　　3. ...　　4. ...　　5. ...

E. **Vos origines.** Répondez aux questions suivantes sur les origines de votre famille.

1. ...　　2. ...　　3. ...　　4. ...　　5. ...

Voix francophones

La deuxième ville francophone. Regardez les phrases qui suivent. (stop) Puis, écoutez Yolande Dubois nous décrire sa ville canadienne. Complétez alors les phrases par écrit. 🚐🏠

1. Il y a près de _____ d'habitants à Montréal.

2. _____ est la deuxième ville francophone; _____

   est la première.

3. Nommez plusieurs aspects qui font de Montréal une grande métropole:

   _____, _____,

   _____, _____,

4. On y parle approximativement combien de langues?—Plus de _____.

5. Qu'est-ce que les quartiers ethniques offrent, entre autres?

   _____

6. Combien d'universités y a-t-il? _____

   Combien de journaux quotidiens? _____

7. Quels sont les modes de transport en commun?

   _____

8. Pourquoi Yolande y trouve-t-elle la radio et la télé particulièrement intéressantes?

   _____

   _____

(Les réponses se trouvent en appendice.)

Étude de grammaire

56. The Subjunctive

EXPRESSING DOUBT AND UNCERTAINTY

A. Exprimez vos doutes. Réagissez aux déclarations suivantes. Utilisez **je doute que, je ne suis pas sûr(e) que** ou **je ne suis pas certain(e) que.**

> MODÈLE: Le Mardi gras a lieu (*takes place*) en avril. →
> Je doute que le Mardi gras ait lieu en avril.

1. … 2. … 3. … 4. … 5. …

B. **Exprimez votre certitude.** Écoutez les questions, et répondez avec certitude.

> MODÈLE: Penses-tu que Port-au-Prince soit à Haïti? →
> Oui, je suis sûr(e) que Port-au-Prince est à Haïti.

1. ... 2. ... 3. ... 4. ... 5. ...

C. **Et toi?** C'est dimanche après-midi. Répondez aux questions d'une amie.

1. ... 2. ... 3. ... 4. ...

57. Alternatives to the Subjunctive

EXPRESSING SUBJECTIVE VIEWPOINTS

A. **Une certaine expérience.** Écoutez les propos de quelques-uns de vos amis. Puis, donnez-leur des conseils. Utilisez **tu dois** ou **tu devrais** + infinitif à la forme affirmative ou négative.

> MODÈLE: J'aime tellement le chocolat! En manger me rend plus calme. →
> Écoute, tu ne devrais pas manger tant de chocolat.

1. ... 2. ... 3. ... 4. ...

B. **Préparatifs de voyage.** Le père de Janine lui parle des désirs de sa famille au Québec. Répondez pour Janine, en suivant les modèles.

> In your answers, use **espérer** followed by the future tense.

> MODÈLES: Tes tantes souhaitent que tu passes de bonnes vacances. →
> Ah bon, elles espèrent que je passerai de bonnes vacances?
>
> On veut aussi que tu restes pour le carnaval. →
> Ah bon, on espère que je resterai pour le carnaval?

- Marie souhaite que tu restes plus longtemps.
- Les cousins veulent que tu puisses voir le pays.
- Jean souhaite que tu parles avec les habitants.
- Régine souhaite que tu fasses la connaissance de sa famille.
- Elle voudrait que tu lui rendes visite.

C. Pensées. Sylvie invite son ami Jeff au Mardi gras. Écoutez les idées de Jeff, un jeune homme très réservé. Ensuite, répétez la remarque que Sylvie aurait faite (*would have made*), tirée de cette liste. (STOP)

Les pensées de Sylvie:

«Je sais que Jeff est timide... mais il lui faudra simplement me suivre.»
«J'espère qu'il prendra ses billets le plus tôt possible.»
«Il aimerait bien se déguiser... C'est sûr!»
«Mmm... avant de partir, il va recevoir ma deuxième lettre.»
«J'en suis sûre... Jeff voudrait venir au carnaval.»
«Voyons... Il est possible que Jeff perde courage.»

MODÈLE: Sylvie voudrait que je vienne au carnaval. →
「«J'en suis sûre... Jeff voudrait venir au carnaval.»

1. ...   2. ...   3. ...   4. ...   5. ...

D. Et vous? Quelles sont vos obligations en tant qu'étudiant? Écoutez chaque question. Répondez en utilisant les expressions suggérées plus un infinitif.

MODÈLE: Qu'est-ce qu'on doit faire pour arriver en fac à l'heure? →
「Pour arriver à l'heure, on doit se lever tôt.

1. (pour)   4. (il faut)
2. (sans)   5. (il est indispensable de)
3. (avant de)

58. Indefinite Adjectives and Pronouns

TALKING ABOUT QUANTITY

A. L'île de la Martinique. Estelle a passé de nombreuses années à la Martinique. Et elle y pense toujours avec nostalgie...

Écoutez une première fois les remarques d'Estelle en regardant la liste ci-dessous. À la deuxième écoute, cochez les éléments sur la liste qui figurent dans ses remarques.

  ✔   les résidences coloniales   la découverte de l'île par Christophe Colomb

_____ les planteurs français   le fer forgé (*wrought iron*) à La Nouvelle-Orléans

_____ le port de Fort-de-France   les arbres du paysage martiniquais

_____ les marchés en plein air   les petits bateaux des pêcheurs

_____ l'économie rurale de l'île   le taux (*rate*) d'émigration vers la France

_____ les pirates légendaires   le peintre Paul Gauguin

_____ la place de la Savane

(Les réponses se trouvent en appendice.)

B. Rénovations. Des étudiants passent l'été à refaire les bâtiments d'un village rural. Utilisez une forme de l'adjectif **tout,** selon le modèle.

    MODÈLE: Tous les villages vont être refaits.—Et les maisons? →
                     Oui, toutes les maisons vont être refaites.

1. ...   2. ...   3. ...   4. ...   5. ...

C. Efforts progressistes. Un écologiste parle des ressources naturelles. Transformez les phrases en utilisant une forme de **chacun** ou **quelques-uns.**

    MODÈLE: Ce patrimoine existe pour <u>chaque habitant</u> (*m.*) →
                     Ce patrimoine existe pour chacun.

- <u>Chaque citoyen</u> (*m.*) doit apprécier les ressources naturelles.
- Malheureusement, <u>quelques personnes</u> (*f.*) en profitent.
- <u>Quelques personnalités</u> (*f.*) <u>politiques</u> comprennent nos efforts.
- On s'adresse à <u>chaque fondation</u> (*f.*).
- <u>Quelques organisations</u> (*f.*) <u>écologistes</u> font des progrès.

D. Un avenir meilleur? La conférencière (*lecturer*) décrit certains rêves pour l'avenir. Écoutez chaque phrase et transformez-la en utilisant le pronom **tout, tous** ou **toutes**.

> MODÈLE: Tous les gens auront assez à manger. → C'est vrai. Tous auront assez à manger.

1. ... 2. ... 3. ... 4. ... 5. ...

E. Des instants mémorables. Écoutez chaque question et donnez une réponse personnelle. Suivez les modèles.

> MODÈLES: Est-ce que vous avez vu quelque chose de drôle hier? →
> Oui. C'était le prof de français qui portait un chapeau bizarre.
>
> Avez-vous rencontré quelqu'un de célèbre récemment? →
> Non, je n'ai rencontré personne de célèbre.
>
> Avez-vous acheté quelque chose de cher récemment? →
> Non, je n'ai rien acheté de cher.

1. ... 2. ... 3. ... 4. ... 5. ...

Étude de prononciation

«Les lignes de nos mains»

Écoutez ce passage tiré du poème «Les lignes de nos mains» de Bernard Dadié, né en Côte-d'Ivoire. À la deuxième écoute, répétez chaque vers. Finalement, écoutez le passage une dernière fois.

> Les lignes de nos mains
>   ni Jaunes
>   Noires
>   Blanches
> ne sont point des frontières°   *limites*
> des fossés° entre nos villages   *trenches*
> des filins pour lier des faisceaux de rancœurs.°   des... *ropes to bind up sheaves*
>   *of bitterness*
>
> Les lignes de nos mains
> sont des lignes de Vie
>   de Destin
>   de Cœur
>   d'Amour
>
> de douces chaînes
> qui nous lient
> les uns aux autres
> les vivants aux morts.
>
> Les lignes de nos mains
>   ni blanches
>   ni noires
>   ni jaunes
>
> Les lignes de nos mains
> unissent les bouquets de nos rêves.

Dictée. Écoutez cette annonce culturelle qui a été récemment retransmise (*broadcast*) au Congo. Ensuite, écoutez une deuxième fois et complétez le passage par écrit. 🎧

Henri Lopès, écrivain congolais

Le Grand Prix _____[1] décerné (*awarded*) par l'Académie française et doté

de (*valued at*) _____,[2] a couronné (*honored*) _____[3]

congolais Henri Lopès, «l'un des grands témoins littéraires de _____[4] qui a

contribué à l'enrichissement de _____».[5]

_____[6] à Léopoldville, Henri Lopès a effectué

_____[7] en

France. _____[8] l'enseignement (*teaching*),

_____[9] d'importantes fonctions _____,[10]

notamment le poste de _____,[11] de _____.[12]

Il est actuellement sous-directeur général _____[13] à l'UNESCO. Auteur

d'«œuvres nombreuses et de haute qualité», Henri Lopès a notamment à son actif (*credit*) «Le

pleurer-rire», «_____».[14] «Sur l'autre rive»...

(Les réponses se trouvent en appendice.)

Prenez l'écoute!

A. **Le Septième Sommet de la francophonie.** Nguyen Linh, citoyen d'Hanoi, au Viêtnam, et délégué de son pays au Sommet de la francophonie en 1997, parle avec un reporter. Écoutez l'interview et faites l'exercice qui suit. 🛑 🎧

> Read through the exercise before listening to the interview.

Vrai ou faux?

1.	Le Septième Sommet de la francophonie a eu lieu en 1997 à l'île Maurice.	V	F
2.	Il y avait 46 délégations de pays membres.	V	F
3.	São Tomé et la Moldavie ont toujours été des pays membres.	V	F
4.	Toutes les délégations viennent de pays où l'on parle exclusivement le français.	V	F
5.	Le Viêtnam, ainsi que des régions comme la Nouvelle-Angleterre et la Louisiane, s'intéressent à maintenir leurs liens avec la culture française et francophone.	V	F
6.	Les délégués ont discuté du mouvement pour l'indépendance du Québec.	V	F
7.	On continue à aborder les questions de la démocratie et des droits de l'homme.	V	F
8.	M. Boutros Boutros-Ghali servira de porte-parole (*spokesperson*) à leur coalition pour quatre ans.	V	F

(Les réponses se trouvent en appendice.)

B. Un entretien avec... Abdou Sèye. Abdou Sèye est originaire de Saint-Louis, au Sénégal. Il a 26 ans et il est étudiant.

Écoutez les questions de l'interviewer et la réponse d'Abdou. Puis, faites l'activité qui suit. 🎧📻 🛑

Vrai ou faux?

1. Le Sénégal est un pays multiethnique et multiracial.   V   F

2. Le pays n'a jamais incorporé d'influences occidentales   V   F
   ni arabes.

3. La culture sénégalaise est célèbre pour son hospitalité.   V   F

4. Les commentaires d'Abdou sur l'avenir des nations   V   F
   sont pour la plupart pessimistes.

(Les réponses se trouvent en appendice.)

En situation

A. La France va-t-elle perdre l'Afrique? Écoutez deux fois la conversation suivante, en faisant attention aux tournures qu'utilisent Laura et Henri pour hésiter quand ils parlent. Puis, faites les activités B et C. 🎧📻

Laura, une sociologue américaine, fait un stage° professionnel   *internship*
en Côte-d'Ivoire. Elle s'intéresse aux relations actuelles° entre   *current*
la France et ses anciennes colonies en Afrique. Elle sait que ces
liens économiques et militaires ont été très proches jusqu'à
récemment, mais qu'ils sont en train de se transformer, des
deux côtés. Ici, elle discute avec Henri, un jeune cadre° ivoirien.   *business manager*

LAURA: Vous savez... le président français Jacques Chirac a dit:
«Il n'y aura plus d'intervention militaire française
unilatérale en Afrique.» Est-ce la fin des relations
privilégiées entre la France et l'Afrique?

HENRI: Comment dirais-je... de notre côté, il n'y a pas de
volonté de mettre la France dehors,° mais il est temps   mettre... *to put France out*
que nous commencions à vouloir étendre° le cercle de   *extend*
nos amis, à solliciter des relations dans toute l'Europe,
aux États-Unis et aussi en Afrique.

LAURA: Eh bien... la fin de la Guerre froide° n'a-t-elle pas joué   Guerre... *Cold War*
un rôle dans tout cela?

HENRI: Euh... cela se peut bien.° Il est incontestable que les   cela... *that could very well be*
objectifs français sont devenus plus européens. La
France a ses propres problèmes économiques, et, de
plus, notre continent n'a plus l'intérêt stratégique qu'il
avait à l'époque où l'URSS° menaçait l'Occident.   *U.S.S.R (Soviet Union)*

LAURA: Je sais qu'il s'est développé dans quelques pays
africains un certain sentiment xénophobe à l'égard
de la France... euh... est-ce que c'est toujours à cause
de l'histoire coloniale?

HENRI: Voyons... je me demande pourquoi on continue à
parler de néocolonialisme quand il s'agit de la France.°   quand... *when France is involved*
Puisqu'il n'y a plus de colonies, nos amis français n'ont
aucune raison de se culpabiliser.° Si la Côte-d'Ivoire a   se... *feel guilty*
progressé de façon spectaculaire, c'est grâce à la sécurité
que la présence française nous a assurée, mais elle n'a
pas besoin de jouer seule ce rôle.

B. **Qu'est-ce qu'on dit... pour «hésiter» en français?** Répondez aux questions suivantes sur vos
études de français. Précédez chaque réponse par l'une des expressions ci-dessous. 🛑

Expressions utiles:

Euh...   Vous savez...
Voyons...   Comment dirais-je...
Écoutez...   Eh bien...

1. ...   2. ...   3. ...   4. ...   5. ...

C. **Impromptu.** Écoutez attentivement l'échange suivant basé sur le dialogue d'**En situation**. 🎧
Puis, écoutez une deuxième fois et écrivez les expressions qui manquent.

LAURA: _____,[1] est-ce la fin des relations privilégiées

_____[2]?

HENRI: _____...[3] de notre côté, il n'y a pas de volonté de

_____[4] la France dehors.

LAURA: _____...[5] la fin de la Guerre froide n'a-t-elle pas

_____[6] dans tout cela?

HENRI: _____.[7] Notre continent n'a pas l'intérêt

stratégique qu'il avait à cette époque-là.

LAURA: N'est-ce pas qu'il y a une certaine... euh... xénophobie qui dérive de

_____[8]?

HENRI: _____...[9] je me demande pourquoi on parle de néocolonialisme, puisqu'il

_____...[10]

(Les réponses se trouvent en appendice.)

Maintenant, écoutez encore une fois les remarques de Laura et donnez vous-même les réactions
d'Henri. 🎧

1. ...   2. ...   3. ...

Regardons!

Vignette culturelle: le Sénégal

Présentation

This vignette presents an advertisement for Air Afrique followed by a documentary on the different regions of Senegal. Air Afrique is an airline that serves all of Africa, linking it to Europe and other continents. Its motto is "to do a little bit more every day."

Vocabulaire utile

survolent	fly over
pont aérien	aerial bridge
relie	links
liaisons hebdomadaires	weekly connections
desservent	serve
de long en large	the length and the breadth
Dakar	*capital city of Senegal*
vous séduira	will appeal to you
chaleur de son accueil	warmth of its welcome
Joal	*town on the Senegalese coast south of Dakar*
Léopold Sédar Senghor	*Senegalese poet and statesman (1906–)*
village lacustre	*lakeside village where houses are built on piles*
greniers sur pilotis	granaries on stilts
entre mer et marigot	between the sea and the bayous
coule paisiblement	flows peacefully
piroguiers	canoers
longues perches	long poles
au bord des salines	at the edge of the salt marsh
les baobabs	*water-storing African trees*
l'estuaire du Siné-Saloum	Siné-Saloum river estuary
En s'enfonçant	Going deeper
au cœur de	into the heart of
le voile se lève	the curtain (veil) rises
mangroves	*river-growing evergreen shrubs*

palétuviers	*a type of mangrove*
bolons	local riverboats
royaume des oiseaux	birds' kingdom
féerique	magical
flamands roses	pink flamingos
sternes	terns (Shorebirds)
vous adonner à la pêche (à)	go fishing (for)
maître des flots	ruler of the waves
l'enclave Gambienne	Gambia (*small West African country dividing Senegal*)
la Casamance	*southern Senegal surrounding the Casamance River*
Ziguinchor	*provincial capital of Casamance*
un ancien comptoir portugais	an old Portuguese trading center
marché Saint-Maur-des-Fossés	*famous market of Casamance*
tisserands	weavers
œuvrent	are working
le pont Faidherbes	bridge of Ziguinchor
demeures	houses
Mermoz, Loti, Caillié	Jean Mermoz (1901–1936): French aviator; Pierre Loti (1850–1923): French naval officer and author; René Caillié (1799–1838): French adventurer
y ont séjourné	spent time there
Le souffle	The wind (breath)
en parcourt toujours les quais	still wanders through its quays

Activités

A. Le Sénégal. Choisissez les réponses correctes.

1. Combien de fois par semaine Air Afrique survole-t-il quatre continents du monde?
   a. 97 fois
   b. 67 fois
   c. 345 fois

2. Où se situe Dakar?
   a. sur la côte occidentale sénégalaise
   b. à moins de 6 heures de l'Europe
   c. dans l'est du Sénégal

3. Pourquoi la capitale sénégalaise est-elle tellement séduisante?
   a. Son accueil est chaleureux.
   b. Elle n'est pas du tout moderne.
   c. Elle a un port dynamique.

4. Pour quelle(s) raison(s) la ville de Joal est-elle bien connue?
   a. Elle a des greniers intéressants.
   b. C'est la ville natale de Senghor.
   c. Elle est située au bord d'un lac.

5. Que voit le visiteur au parc national du delta du Saloum?
   a. des milliers d'oiseaux
   b. des pêcheurs de barracudas
   c. des mangroves

6. Qu'est-ce qu'on peut visiter en Casamance?
   a. des maisons coloniales
   b. Jean Mermoz et Pierre Loti
   c. le marché Saint-Maur-des-Fossés

B. **Étude de vocabulaire.** Reliez les éléments des deux colonnes.

_____ 1. baobab

_____ 2. demeures

_____ 3. Joal

_____ 4. palétuvier

_____ 5. comptoir

_____ 6. séjourner

_____ 7. Jean Mermoz

_____ 8. flamand

  a. domiciles
  b. ancien centre de commerce
  c. oiseau rose aux longues jambes
  d. visiter
  e. aviation
  f. arbre tropical qui retient l'eau
  g. mangrove
  h. Léopold Sédar Senghor

C. **À vous!** Répondez par écrit à l'une des deux questions.

1. Aimeriez-vous visiter le Sénégal? Pourquoi? Basez vos remarques sur ce que vous venez de voir et d'entendre dans la vidéo.

2. Écrivez le texte d'une brochure ou d'une vidéo sur votre état, votre province ou votre ville.

_____

_____

_____

_____

_____

_____

_____

_____

_____

_____

Réponses aux exercices

Chapitre préliminaire

Première partie. Les nombres de 0 à 20. B. *Carnet d'adresses.* Kenneth: 742; Aimée: 1512; Bernard: 6341; Jacqueline: 1619; Marie: 358

Deuxième partie. Les nombres de 20 à 60. A. *Le matériel.* 1. 12 2. 47 3. 52 4. 6 5. 35 6. 13 **B.** *À la réception.* Kenneth: 03-43-48-<u>23</u>-31; Aimée: 03-59-22-<u>36</u>-17; Bernard: 03-18-<u>24</u>-30-21; Jacqueline: 03-36-13-59-<u>16</u>; Marie: 03-27-<u>39</u>-14-08

Prenez l'écoute! *Messages pour le professeur.* 1. Éric, un étudiant; question; 03-21-06-38-12 2. Marie-Hélène, une camarade; dire bonjour; 03-42-11-35-56 3. Élisabeth, une secrétaire; problème ou difficulté; 03-15-43-57-60 Order of importance: a. 2 b. 3 c. 1

Chapitre un

Étude de vocabulaire. A. *Un rêve.* à la bibliothèque (assez bizarre); à la fac des lettres (assez bizarre); au café (assez normal); au restaurant (assez bizarre); au bureau (assez bizarre); au cinéma (assez normal)

B. *Une matinée studieuse.*

	UNIVERSITÉ DE CAEN				
Nom:	Jeannette Rivard				
heure jour	lundi	mardi	mercredi	jeudi	vendredi
8 h.	histoire chinoise		histoire chinoise		histoire chinoise
9 h.		maths		maths	
10 h.	économie politique	→	→	→	→
11 h.	japonais	japonais	labo	japonais	labo
12 h.	restau-u	→	→	→	→
13 h.					

Voix francophones. *Étudiants francophones.* Marie-Laure: française; 23 ans; le cinéma; travaille comme baby-sitter; étudie le cinéma; aime la danse, la musique, les cultures différentes. Khaled: tunisien; 21 ans; étudie la littérature, l'informatique; travaille dans une galerie d'art moderne; aime parler, jouer au volley-ball, danser dans les discos.

Étude de grammaire. **2. Plural Articles and Nouns** **B.** *Un cours difficile.* 1. S 2. P 3. S 4. P
5. S 6. P 7. P 8. S **3. Verbs Ending in** *-er* **A.** *À la cité-u.* 1. je regarde 2. on parle 3. j'étudie
4. nous écoutons 5. donner **B.** *Une soirée à la cité-u.* 1. Chantal 2. Arlette 3. Chantal 4. Arlette
5. Marie-France **4. Negation Using** *ne... pas* **A.** *Un profil de Bernard.* Aime: le ski, les voyages,
la psychologie; N'aime pas: danser, la radio, le camping, les maths

Étude de prononciation. **C.** *Dictée.* 1. vendredi 2. On mange 3. on trouve 4. on regarde le film
5. nous cherchons 6. deux 7. travailler

Prenez l'écoute! A. *Correspondants.*

NOM	Beautemps
PRÉNOM	Félix
ADRESSE	21 rue Royal
	nº rue ou route appartement
	Carleton Yarmouth
	village ou ville comté
	Nouvelle-Écosse (Nova Scotia) I-5-R-9-L-6
	code postal
TÉLÉPHONE	871-2255
SEXE M	ÂGE 19
ÉCOLE:	
Nom	McGill University
Adresse	
	Montréal
ANNÉE OU NIVEAU D'ÉTUDES	première année
GOÛTS OU INTÉRÊTS PARTICULIERS	l'économie; la nature, le jogging, le rock, l'histoire canadienne

B. *Un entretien avec...* 1. F 2. F 3. V 4. V

En situation. **C.** *Impromptu.* 1. Très bien, merci. Et toi? 2. Pas grand-chose. 3. Cet après-midi
4. à la bibliothèque 5. D'accord! 6. À tout à l'heure!

Regardons! A. *La discussion.* 1. B 2. C 3. C 4. B 5. B 6. P 7. C 8. P **B.** *Rencontre après
les cours.* 1. b 2. c 3. a 4. c 5. c

Chapitre deux

Étude de vocabulaire. **A.** *Un nouveau job.* intelligent, sincère, ambitieux, pas paresseux, dynamique,
enthousiaste, raisonnable **B.** *Étudiants typiques.* Suzanne is wearing a windbreaker, jeans, boots, and a
backpack (bookbag). Jean-Paul is wearing shorts, a T-shirt, tennis shoes, and socks. He is holding a
tennis racket.

Voix francophones. *Choix faciles ou difficiles?* 1. son interview 2. individualiste 3. un jean en velours
et un pull 4. plus réaliste que Virginie

Étude de grammaire. **6. Descriptive Adjectives** **C.** *Une amie indispensable.* 1. F 2. F 3. V
4. V 5. F **7.** *Yes/No* **Questions.** **A.** *Au Prisunic.* 1. Richard 2. Monique 3. Émilie 4. Sylvain
5. Cassandre

Étude de prononciation. **C.** *Dictée.* 1. n'est-ce pas? 2. vêtements sont 3. C'est 4. blouson
5. il n'est pas beau 6. il y a des pulls 7. intéressants 8. n'aimes pas mieux 9. je ne suis pas difficile

Prenez l'écoute! **A.** *Anne-Marie Blanchard.* 1. confort 2. original 3. friperies 4. gris, marron, rouge, violet 5. pantalon violet (*ou* en soie violette), chemise et cravate d'homme **C.** *Un entretien avec...* 1. V 2. F 3. F 4. V

En situation. **C.** *Impromptu.* 1. Comment 2. Je m'appelle 3. Tu parles 4. français 5. Tu es 6. Je suis 7. j'étudie 8. à 9. tu étudies 10. science politique 11. musique

Regardons! **A.** *Dans la boutique.* 1. c 2. b 3. b **B.** *Une décision difficile.* 1. e 2. c 3. d 4. f 5. a 6. b

Chapitre trois

Étude de vocabulaire. **A.** *Un nouveau décor.* 1. A bookshelf with books is near the sink. 2. A lamp is on the dresser. 3. A desk is under the window. 4. There are flowers on the desk. 5. A rug is on the floor. 6. There are two posters on the wall.

Voix francophones. **B.** *Interview avec un jeune acteur.* 1. aime 2. «Une année en Amérique» 3. d'un adolescent

Profession/Études:	acteur
Aime/N'aime pas	le cinéma, tourner des films
Travail récent	Une année en Amérique
Projets d'avenir	tourner un autre film
Description:	
Âge/Date de naissance	18 ans, 19 avril 1983
Taille	moyenne
Cheveux	noirs
Yeux	bleus
Tempérament	calme, ambitieux
Distractions favorites:	le cinéma, les motos, les voyages, la science-fiction, les discos

Étude de grammaire. **9. Verbs Ending in** *-ir* **A.** *Une vie nouvelle.* 1. cherchons 2. réfléchissons 3. agit 4. aimons 5. finir 6. réussit 7. choisissons **10. The Verb** *avoir* **A.** *Une vie satisfaisante.* un petit studio; un canapé confortable; un micro-ordinateur; de bons amis; des cours intéressants; des profs intelligents **12. Interrogative Expressions** **A.** *Une demande de logement.* Possible answers: 1. D'où êtes-vous? 2. Qu'est-ce que vous étudiez? (Qu'étudiez-vous?) 3. Où étudiez-vous? 4. De quoi jouez-vous? (Jouez-vous d'un instrument?) 5. Combien d'amis avez-vous? 6. Où passez-vous votre temps? 7. Quand avez-vous besoin d'une chambre?

Étude de prononciation. **C.** *Dictée* 1. Je m'appelle 2. J'ai vingt ans 3. physique 4. maths 5. habite 6. j'ai la chance 7. loue 8. petite 9. j'ai 10. besoin 11. étagère 12. tapis 13. assez laid 14. a faim 15. joue de la guitare

Prenez l'écoute!   A. *Chambre à louer.* Le propriétaire: un loyer de moins de 800 F; un parking; une salle de bains privée; du calme; un piano. Cathy voudrait: un garage ou un parking; des fenêtres qui donnent sur un jardin; du calme; un piano   **C.** *Un entretien avec...* 1. F   2. V   3. V   4. V

En situation.   C. *Impromptu.* 1. où est   2. J'ai besoin de   3. il n'y a pas de   4. Il est   5. Combien est   6. Tu n'as pas de   7. Qu'est-ce que c'est   8. C'est   9. tu demandes / 1. F   2. F   3. V   4. V

Regardons!   A. *La vie d'étudiante.* 1. F   2. V   3. F   4. V   5. F   **B.** *Quel désordre!* 1. b   2. b   3. c   4. b

Chapitre quatre

Étude de vocabulaire.   A. *Chez les Dubois.* 1. F   2. V   3. F   4. V   5. F   6. F   7. V   8. F

Voix francophones.   A. *Notre arbre généalogique.*

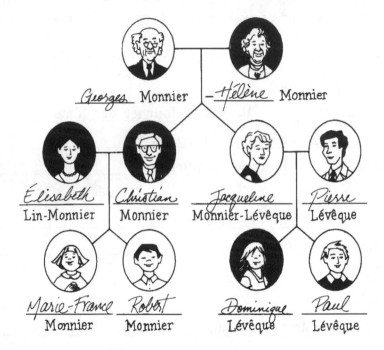

B. 1. sa mère   2. sa tante   3. son oncle   4. son frère   5. ses grands-parents   6. ses cousins

Étude de grammaire. 16. Verbs Ending in *-re*   A. *Une visite.* Number the drawings (from left to right): 4, 3, 1, 2   **B.** *François et Carine.*   1. Il entend   2. il répond   3. Elle vend   4. Il descend   5. Il rend visite   6. ils ne perdent pas

Étude de prononciation.   C. *Dictée*   1. une chambre   2. une salle de séjour   3. une petite cuisine   4. donne sur   5. une salle de bains   6. Il est   7. un balcon   8. il y a   9. dans les deux pièces   10. le couloir

Prenez l'écoute!   A. *Yannick Montaron.* 1. F   2. V   3. V   4. F   5. F   6. V   **B.** *Projets de vacances.*   1. a   2. b   3. b   4. a   5. b   **C.** *Un entretien avec...*   1. V   2. F   3. F   4. F

En situation.   C. *Impromptu.*   1. tu es libre   2. Oui,   3. Pourquoi?   4. J'ai envie de faire du jogging.   5. avec moi.   6. Avec plaisir.   7. une excellente   8. sept   9. d'accord   10. on va au café   11. n'est-ce pas?

Regardons!   A. *La fête d'anniversaire.*   1. oui   2. oui   3. oui   4. oui   5. non   6. non   7. oui   **B.** *La discussion.*   1. V   2. F   3. F   4. V   5. F

Chapitre cinq

Étude de vocabulaire.   **A.** *Quel aliment ne va pas?*   1. c   2. c   3. b   4. a   5. b   **F.** *Quelle heure est-il?* 1. 7:25   2. 12:50   3. 3:25   4. 4:00   5. 8:15   6. 9:05

Voix francophones.   *Une nouvelle brasserie.*   raisonnables; escargots de Bourgogne; poulet aux haricots; la salade; La sauce vinaigrette n'a pas de goût.

Étude de grammaire.   17. The Verbs *prendre* **and** *boire*   **A.** *Chez Madeleine.* poisson; fromage; chocolat; vin.   **C.** *Études de viticulture.*   1. de viticulture   2. à faire du vin   3. un vin de Bordeaux   4. a envie d'apprécier la qualité du vin   5. que le vin est trop jeune   6. un petit vin blanc

Étude de prononciation.   **D.** *Dictée.*   1. de fête au restaurant   2. haricots blancs   3. salade verte 4. fromages   5. Le repas de famille   6. des fruits   7. j'adore   8. je fais   9. salade   10. tomates 11. chaud   12. des légumes   13. peu de viande   14. du fromage et des fruits

Prenez l'écoute!   **A.** *Traditions.*   Jerôme (FN); Claire (T); le 14 juillet (FN); mai ou juin (T); religieuses (T); séculières (FN); prise de la Bastille (FN); début de la Révolution française (FN); sacrifice fait par Abraham (T); retour de la Mecque (T); défilé (FN); sacrifice du mouton (T); grand dîner (T); lampions (FN); bal (FN); feu d'artifice (FN); vœux entre voisins (T); petits cadeaux (T)   **B.** *Un entretien avec...* 1. V   2. V   3. F   4. F

En situation.   **C.** *Impromptu.*   1. Encore un peu de   2. Non, merci.   3. vous allez reprendre   4. quiche 5. Elle est délicieuse   6. voici ma spécialité   7. la tarte   8. Elle a l'air   9. ne   10. pas refuser

Regardons!   **A.**   *Les courses au marché.*   une sole, le fromage, les poires, le gâteau, le camembert, les oranges, les haricots verts   **B.** *On achète pour la fête.*   1. c   2. b   3. c   4. b   5. a

Chapitre six

Étude de vocabulaire.   **C.** *Messages.*   Claude: 04-39-44-91-17; Ginette: 01-56-68-99-94; Léonard: 01-78-11-81-72; Mireille: 05-70-88-77-66   **E.** *À Paris.* le pâté de foie gras: 492 F de kilo; les truffes noires: 360 F les 100 grammes; le jambon de Parme: 120 F le kilo; le camembert: 25 F la pièce; le vin mousseux de Saumur: 150 F la bouteille   **F.** *Un peu d'histoire européenne.*   1. 785   2. 1120   3. 1096   4. 1431 5. 1756   6. 1793   7. 1814

Voix francophones.   *Une recette délicieuse.*   **A.**   3; 1; 5; 4; 2.   **B.**   165 degrés C.; 15 à 18 minutes; métal (chauffé); champagne (sec léger); un dessert, parce qu'il est sucré

Étude de grammaire.   20. Demonstrative Adjectives   A. *Un jeune couple québécois.*   1. ce quartier 2. cette rue-ci   3. cet immeuble-là   4. cette vue magnifique   5. ce joli petit   6. Ces pièces   7. Cette petite cuisine   8. ces fenêtres   9. cet appartement   **21. The Verbs** *vouloir, pouvoir,* **and** *devoir* **C.** *Déjeuner à la cafétéria.*   1. Louise   2. Marlène   3. Richard   4. Richard   **22. The Interrogative Adjective** *quel*   **A.** *Déjeuner à deux.*   1. quel   2. quelle   3. quels   4. quels   5. quelles   6. quelle **23. The Placement of Adjectives   A.** *Voisines.*   1. F   2. V   3. V   4. V   5. V   6. F   7. F

Étude de prononciation.   **D.** *Dictée.* 1. J'ai beaucoup de devoirs   2. je veux   3. je n'ai pas cours   4. vers midi   5. je vais   6. le restaurant universitaire   7. quarante-cinq minutes   8. une heure pour manger 9. un café   10. l'après-midi   11. je reste   12. je vais en ville   13. je dîne avec ma famille   14. peut

Prenez l'écoute! A. *Interviews chez Picard Surgelés.* desserts: Jean-Marc; viande: Étienne; légumes: Solange

ÉTIENNE		SOLANGE		JEAN-MARC	
Bifteck	= 204 F 30	Petits pois	= 50 F	Éclairs	= 38 F 70
Veau	= 104 F 80	Poivrons	= 36 F 30	Croissants	= 37 F 20
Chili	= 86	Jus d'orange	= 18 F	Crème glacée	= 126 F 50
TOTAL	= 395 F 10	TOTAL	= 104 F 30	TOTAL	= 202 F 40

Étienne dépense le plus. Il achète surtout de la viande.   **B.** *Un entretien avec...*   1. V   2. V   3. V   4. F

En situation.   C. *Impromptu.*   1. Vous désirez   2. Un sandwich au fromage   3. salade   4. s'il vous plaît   5. C'est tout?   6. je voudrais   7. C'est pour emporter ou pour manger ici   8. Ça fait combien   9. quarante-quatre francs   10. Merci, Monsieur.

Regardons!   A. *À table.*   1. B   2. P   3. P   4. C   5. B   6. P   7. C   **B.** *La recette de la quiche.*   du beurre, de la crème, du fromage, du sel, de la farine, des œufs, du jambon, du poivre

Chapitre sept

Étude de vocabulaire.   B. *De quoi Chantal a-t-elle besoin?*   1. d'une voiture   2. d'une raquette   3. de chaussures à hauts talons   4. de skis   5. d'une tente   6. d'un parapluie

Voix francophones.   Marie-Jo: *Combien?* à Noël: 2 semaines, à Pâques: 2 semaines, en février: quelques jours, en été: 3 mois; *Avec qui?* en famille; *Où?* dans une autre ville, à la mer, à l'étranger (parfois); *Vacances idéales?* camping (en voiture), tourisme

Étude de grammaire.   24. Verbs Conjugated like dormir; *venir*   **B.** *Qui est plus aventureux?*   Michèle et Édouard: 1. un safari-photo   2. Afrique   3. dorment   4. sentir (passer). Jean-Pierre: 5. à la plage   6. dort   7. sent   8. sert   **25. The** *passé composé* **with** *avoir*   **B.** *Déménagement.*   1. J'ai trouvé   2. on a fait   3. nous avons commencé   4. il a invité   5. on n'a pas eu   6. nous avons réussi   7. ont fait   **C.** *Les vacances de Bernard.*   Drawings should be numbered (left to right from top left) 3, 1, 2, 4.   *Une journée de vacances.*   dans les environs; bronzé, fait des achats; pas dormi; 8h; une amie de sa mère   **26. The** *passé composé* **with** *être*   **B.** *Un premier voyage.*   attendre l'autobus, prendre son sac à dos, monter dans le bus, descendre à Sainte-Marie, nager dans le lac, faire du vélo, rentrer dans trois semaines   *La carte postale.*   1. J'ai pris   2. Je suis montée   3. Je suis descendue   4. J'ai nagé   5. j'ai fait   6. j'ai joué   **27. Uses of** *depuis, pendant,* **and** *il y a*   **A.** *Nouveaux intérêts.*   1. depuis   2. Depuis que   3. Pendant   4. il y a   5. pendant

Étude de prononciation.   D. *Dictée.*   1. nous avons eu envie de   2. il fait beau et chaud   3. Il fait un peu frais   4. Il n'y a pas de problèmes   5. nous n'avons pas pris de   6. Nous avons emporté   7. nous avons quitté   8. le temps a changé   9. Il a commencé à   10. on a vu un petit restaurant   11. Nous avons laissé   12. Nous avons très bien mangé   13. Moi, je ne crois pas

Prenez l'écoute!   A. *Congés payés.*   1. F   2. F   3. V   4. F   5. V   **B.** *Un entretien avec...*   1. F   2. V   3. F   4. V

En situation.   C. *Impromptu.*   1. une place pour ce soir   2. pour deux nuits   3. avez besoin de draps   4. mon sac de couchage   5. fait cent quarante francs   6. allez préparer votre repas   7. dix-neuf   8. nous fermons à vingt-trois heures   9. d'accord

Regardons!   A. *Le dimanche après-midi.*   1. b   2. a   3. h   4. g   5. f   6. d   7. c   8. e   **B.** *Projets de vacances.*   1. b, c   2. a, d   3. b, d   4. a, b   5. b

Chapitre huit

Étude de vocabulaire.   A. *Le voyage de Sabine.*   1. Sabine prend son billet d'avion.   2. Elle fait ses valises.   3. Elle dit au revoir à sa famille.   4. Elle va à l'aéroport en autobus.   5. Elle voyage en avion.   6. Elle passe à la douane.   **C.** *À l'aéroport international.*

Nº DU VOL	ARRIVE DE/DU/DES	HEURE D'ARRIVÉE
61	Japon	9h40
74	États-Unis	13h30
79	Canada	20h
81	Russie	8h15
88	Chine	12h
93	Maroc	17h15
99	Mexique	15h10

D. *Conduire en Europe.*   1. a   2. f   3. h   4. b   5. e   6. c   7. g

Voix francophones.   1. D   2. A   3. A   4. D   5. A   6. D

Étude de prononciation.   **C.** *Dictée.*   1. a été un voyage mémorable   2. Je suis arrivé à l'aéroport
3. revoir toute ma famille   4. à la douane   5. à regarder   6. j'ai vu mon père   7. mon oncle, ma sœur
8. Ils sont venus   9. à six heures du matin   10. Nous sommes   11. allés   12. boire   13. à la terrasse
d'un café

Prenez l'écoute!   **A.** *Une croisière sur l'océan Indien.*   1. a   2. b   3. a   4. b   5. a, b, c   6. b   7. a, c, d
8. a, c   9. b

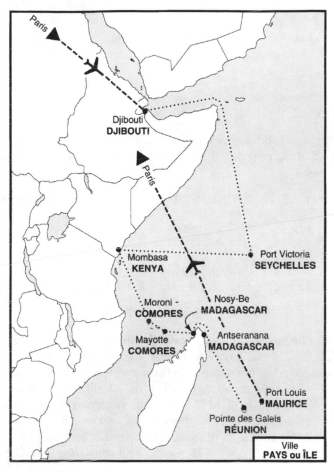

B. *Un entretien avec...*   1. F   2. F   3. V   4. V

En situation.   **C.** *Impromptu.* 1. À quelle heure est le prochain train   2. Il y a   3. trois   4. d'heure
5. midi   6. Combien coûte le billet aller-retour   7. Trois cent vingt francs   8. Je peux régler par
9. Voici votre billet   10. Vous partez du   11. composter votre billet

Regardons!   **A.** *Vive les vacances!*   1. V   2. V   3. F   4. V   5. V   6. V   7. F   8. V

Chapitre neuf

Étude de vocabulaire.   **A.** *La communication.*   1. b   2. a   3. c   4. b   5. c   6. b   **B.** *Allo Ciné.*   1. F
2. V   3. F   4. V   5. V   **C.** *Les nouvelles technologies.*   a. 4   b. 1   c. 2   d. 5   e. 6   f. 3

Voix francophones.   1. a   2. b   3. c   4. a   5. b   6. c   7. b

Étude de grammaire.   32. The *imparfait*   A. *L'enfance de ma grand-mère.*   **Activités mentionnées:** allait à l'école; n'avait pas beaucoup d'argent; aidait ses parents; faisait le ménage; s'occupait de ses frères et sœurs; lisait beaucoup; écoutait la radio;   1. **Activités pas sur la liste:** aidait avec les devoirs; racontait des histoires; empruntait les vêtements des parents; mettait les vêtements des parents; jouait à la grande personne; faisait les devoirs; rêvait; écrivait des histoires   **33. Direct Object Pronouns   A.** *Personnes et objets.*   1. a   2. b   3. b   4. a   5. b   6. b   7. a   **C.** *Coup de téléphone.*   1. j'ai cherché   2. les ai… retrouvées   3. étaient   4. les ai laissées   5. a téléphoné   6. conduisait   7. ne les ai pas prises   8. ont dû   9. sont entrés   **34. Indirect Object Pronouns   B.** *Un ordinateur à vendre.*   1. F   2. F   3. V   4. V   5. F   **35. *Voir* and *croire*** *Une rencontre fantastique.*   1. a   2. c   3. b   4. a   5. b   6. a

Étude de prononciation.   B.   1. [ø] œufs, peu deux   2. [œ] jeune, professeur, heure   3. [u] courage, amour, août   4. [y] rue, université, aventure   **D.** *Dictée.*   1. de mon enfance   2. mes vacances à la mer   3. chaque mois d'août   4. j'habitais Paris pendant   5. je passais un mois par an   6. une grande plage   7. C'était   8. Je passais   9. jouer avec des petits copains   10. étaient   11. différentes   12. jamais   13. les oublier

Prenez l'écoute!   A. *Interview avec une graphologue.*   1. V   2. F   3. F   4. F   5. V   6. F   7. V   **B.** *Un entretien avec…*   1. V   2. V   3. V   4. F

En situation.   C. *Impromptu.*   1. Bonjour, c'est bien   2. Oui, c'est bien ça   3. je pourrais parler avec   4. C'est de la part de qui   5. de la part de   6. son père   7. Ne quittez pas   8. passe   9. beaucoup   10. Ça va   11. bonne nouvelle

Regardons!   A. *Le petit écran.*   1. P   2. B   3. M   4. P   5. B   **B.** *Opinions diverses.*   1. b   2. a   3. b   4. b   5. c

Chapitre dix

Étude de vocabulaire.   B. *Le bon chemin.*   1. au parc   2. au jardin public   3. à l'hôtel   4. à la mairie

Voix francophones.   1. V   2. F   3. V   4. V   5. F   6. F   7. F

Étude de grammaire.   36. The *passé composé* versus the *imparfait*   A. *Une traversée mouvementée.* Number the drawings: 4, 2, 3, 5, 1.   **C.** *La liberté.* (These are model answers only. Yours will vary somewhat, but verb tenses should be the same as in these models.)   1. Hier soir je regardais un bon film quand quelqu'un a appelé.   2. C'était ma camarade Claire.   3. Elle m'a demandé de lui expliquer les devoirs de sciences économiques.   4. Je lui ai répondu que l'examen était annulé.   5. Toute contente, elle m'a invité(e) à dîner si j'étais libre.   **37. The Pronouns *y* and *en*   B.** *Carine découvre sa ville.* le jardin zoologique, la pâtisserie, le jardin public, la piscine, le marché en plein air, la banlieue   **D.** *Un marché d'Abidjan.*   1. a   2. a   3. b   4. b   5. b   6. b   **38. *Savoir* and *connaître*   A.** *Désorientation.*   1. a   2. b   3. a   4. b   5. a

Étude de prononciation.   A.   1. robe [ɔ]   2. chaud [o]   3. gros [o]   4. poste [ɔ];   1. jeune [œ]   2. œuf [œ]   3. œufs [ø]   4. feu [ø];   1. fraise [ɛ]   2. parlé [e]   3. nez [e]   4. tête [ɛ]   **C.** *Dictée.*   1. conduire une voiture   2. vieille ville   3. c'est le 14 juillet   4. jour   5. conduisais   6. un quartier parisien   7. nous avons vu   8. venaient de quitter   9. la fête nationale   10. la rue   11. J'ai compris   12. la voiture était   13. J'ai dû   14. touristes   15. faire

Prenez l'écoute!   A. *Une visite du musée d'Orsay.*   1. samedi   2. vers midi   3. en métro; ligne 12   4. les Impressionnistes   5. œuvres médiévales, de la Renaissance   6. cassettes vidéo éducatives, aller à un concert, acheter livres et reproductions, dîner le soir   **B.** *Un entretien avec…*   1. F   2. V   3. F   4. V

En situation.   C. *Impromptu.*   1. Comment fait-on pour aller à   2. la carte   3. c'est quelle direction   4. La voilà   5. nous prenons   6. Où est-ce que nous changeons   7. fait   8. j'en ai   9. On y va

Regardons!   A. *Les directions.*   1. c   2. a   3. b   4. a   5. b   **B.** *Le sens de l'orientation.*   1. a   2. c   3. d   4. f   5. h   6. e   7. g   8. b

Chapitre onze

Étude de vocabulaire.   **A.** *Époques.* **l'époque romaine:** arènes de Lutèce; **le Moyen Âge:** Notre-Dame, Charlemagne; **la Renaissance:** Jacques Cartier, château de Chambord; **l'époque classique:** Louis XIV, palais de Versailles; **l'époque moderne:** la tour Eiffel, Charles de Gaulle   **B.** *Une semaine culturelle.* 1. b   2. e   3. a   4. d   5. c   **D.** *Christine et Alain, des étudiants mariés.*   1. V   2. V   3. V   4. F   5. F 6. V

Voix francophones.   1. V   2. F   3. V   4. F   5. F   6. V   7. V   8. V

Étude de grammaire.   **40. Using Double Object Pronouns**   **A.** *Confrontations.*   1. d   2. b   3. c 4. a   5. e   **42. Adverbs**   **A.** *Une fable traditionnelle.*   1. L   2. T   3. L   4. L   5. T   6. L   7. T   8. L 9. L   10. T

Étude de prononciation.   **C.** *Dictée.*   1. Saviez-vous que   2. au dix-huitième siècle   3. des instruments de musique   4. étaient très simples   5. sur le modèle   6. n'avaient que   7. chaussures 8. était   9. Il aimait jouer   10. dans les fêtes   11. Un soir   12. a voulu   13. Il est entré   14. il n'a pas pu s'arrêter   15. il est rentré   16. devaient encore être /   1. a   2. b   3. a   4. b

Prenez l'écoute!   **A.** *Une visite de la chapelle Matisse.*   1. b   2. a   3. b   4. b   5. c   6. a   **B.** *Un entretien avec...*   1. F   2. V   3. F   4. V

En situation.   **C.** *Impromptu.*   1. voilà   2. Ils sont absolument spectaculaires   3. je vois   4. il y en a beaucoup   5. Je n'ai jamais rien vu d'aussi beau   6. deux à trois   7. Quel panorama splendide 8. fleurs

Regardons!   **A.** *Des objets sacrés.*   1. b, c, d   2. a, b, d   3. b, d   4. a, b, c, d   **B.** *À quoi servent les cuillères?*   1. nourriture   2. aspect sacré   3. pain   4. riz   5. jamais personne   6. simples cuillères 7. petites sculptures   8. les utilise comme   9. préparer   10. les repas sacrés   11. ce sont des objets

Chapitre douze

Étude de vocabulaire.   **A.** *Une triste histoire d'amour.*   1. V   2. F   3. F   4. V   **Au début:** tomber amoureux; se rencontrer; le coup de foudre; se voir (pour la première fois)   **Au milieu:** se fiancer; s'installer; sortir; se marier; aller en voyage de noces   **Vers la fin:** divorcer; se disputer

Voix francophones.   1, 2, 5, 6, 7, 8, 10, 11

Étude de grammaire.   **43. Pronominal Verbs**   **A.** *Les distractions des étudiants.*   1. me demande; s'amuser   2. se reposer   3. s'arrêter   4. se retrouvent   5. s'installent   6. se dépêcher   7. se détendent **B.** *Une vie d'étudiant*   1. b   2. a   3. a   4. b   5. a   6. a

Étude de prononciation.   **B.**   1. nés [e]   2. pris [i]   3. très [ɛ]   4. et [e]   5. chez [e]   6. ami [i] 7. frais [ɛ]   **C.** *Dictée.*   1. j'aime   2. elle me permet   3. me retrouver   4. le premier mai   5. la fête du travail   6. on peut acheter   7. le donner à son amoureux   8. très romantique   9. ne se sentent 10. obligation   11. la vivent   12. sort   13. on fait des pique-niques   14. on se réunit   15. amis 16. c'est un peu la fête de   17. vivre

Prenez l'écoute! **A.** *Voulez-vous une assurance médicale pour votre chien?*

QUESTIONNAIRE ASSURANIMAUX

Nom _____ Roland _____   Race _____ mixte, berger et saint-bernard

Sexe _____ male _____   Date de naissance _____ 24 décembre 1991

Poids (*Weight*) _____ entre 45 et 50 kilos _____

1. Santé? _____ Excellente, à part quelques problèmes de digestion, _____
   _____ ses oreilles, ses yeux, ses jambes _____

2. Habitudes/tempérament? _____ toujours avec sa famille, _____
   _____ se réveille tard, dort entre les repas _____

3. Nourriture?
   Repas _____ petit déjeuner, déjeuner, dîner, goûter _____

   Fréquence _____ 4 fois par jour _____

4. Journée typique?
   Sommeil _____ entre les repas _____

   Sorties _____ non, jamais ou peu souvent _____

   Autre chose _____ ? _____

B. *Un entretien avec...*   1. F   2. V   3. F   4. F

En situation. **C.** *Impromptu.*   1. qu'est-ce qui ne va pas   2. me sens   3. de la fièvre   4. vous fait mal
5. mal à la tête   6. depuis combien de temps   7. dure   8. Êtes-vous allergique   9. à ma connaissance

Regardons! **A.** *Les symptômes.*   1. g   2. a   3. h   4. d   5. e   6. f   7. b   8. c   **B.** *Ce n'est pas de chance!*
1. F   2. F   3. V   4. F   5. V

Chapitre treize

Étude de vocabulaire. **B.** *Question d'argent.*   1. a   2. a   3. b   4. b   5. a   6. a   **C.** *La Carte Bleue de Joseph.*   1. ouvrir un compte de crédit   2. a offert de signer   3. a découvert, couvrait pas ses dépenses
4. offre de l'aider   5. souffre

Voix francophones.   1. C   2. C   3. C   4. B   5. C   6. N   7. B   8. N, C   9. N

Étude de grammaire.   47. The Future Tense   A. *Projets d'été.* 1. PA 2. F 3. PA 4. PR 5. F 6. F
7. PA   **48. Relative Pronouns   A.** *Interview d'un chef d'entreprise.* 1. F 2. V 3. F 4. F 5. F 6. V
C. *Personnes et choses significatives.* (*Suggested answers*) 1. Arthur, c'est une personne que je connais
depuis quinze ans (que j'appelle quand je veux discuter de mes problèmes).   2. Caroline, c'est une amie
qui travaille dans une banque (qui peut toujours m'aider).   3. «Les Temps modernes», c'est un film
dont nous parlons souvent (dont nous aimons l'humour).   4. La Lune Bleue, c'est un café où je vais
chaque soir (où sont beaucoup de mes amis, où nous discutons de notre journée... , où l'ambiance est
très chaleureuse).

Étude de prononciation.   C. *Consonnes* combien de bonbons, tu cherches un choix, il y a deux
radios, une photo du café, une guitare agréable, un signal d'Espagne, des gens énergiques, quatre
skis canadiens, un livre allemand, un ami mécontent, non au tennis, un pas typique, la rue de port,
cinq Français en classe, une table italienne, un wagon vide, seize raisons   **E.** *Dictée.*
1. programmeuses 2. aura 3. en informatique 4. connaîtra 5. des ordinateurs 6. saura se charger
7. aimera 8. le travail d'équipe 9. aura 10. sera responsable 11. que nous choisirons aura
12. voudront 13. salaire 14. sera 15. 9 250 francs par mois

Prenez l'écoute!   A. *Une vie d'étudiant.* 1. V 2. V 3. V 4. F 5. V 6. F 7. F 8. V
B. *Un entretien avec...* 1. V 2. V 3. V 4. F

En situation.   C. *Impromptu.* 1. vous embauchez pour la saison 2. avez de l'expérience 3. j'apprends
vite 4. vous payez 5. 40 francs de l'heure 6. prendre mes repas 7. deux heures de travail

Regardons! A. *On discute.* 1. e 2. c 3. b 4. a 5. d **B.** *Quoi de neuf?* 1. c 2. a 3. c 4. b 5. c

Chapitre quatorze

Étude de vocabulaire.   A. *La vie sportive.* 1. du cyclisme 2. du jogging 3. la pétanque 4. de
l'alpinisme 5. la pêche **B.** *Le week-end d'Albert.* 1. b 2. a 3. b 4. b 5. a 6. b 7. a **C.** *Loisirs
de dimanche.* 1. a ouvert 2. elle a découvert 3. qui couraient 4. il faisait 5. ces gens avaient
6. avaient 7. leur a offert 8. ont accepté 9. elles lui ont souri 10. a regardé 11. elle a repris

Voix francophones.   Check off: 1, 4, 5, 8 / 1. a 2. c 3. d

Étude de grammaire.   50. Interrogative Pronouns   A. *La course de Danielle.* 1. une course cycliste
2. du cyclisme (de la bicyclette) 3. à la course cycliste 4. un short, un maillot, des chaussures, des
gants et un casque 5. la tête 6. Danielle 7. Danielle; gagner **B.** *Interrogation.* 1. a 2. a 3. a
4. a 5. b 6. b 7. a 8. b **51. The Present Conditional   C.** *Si je gagnais une grosse somme...* 1. serait
2. aimerais 3. essaierais (essayerais) 4. paierais (payerais) 5. investirais 6. achèterais 7. aiderais
8. louerais 9. irais **52. Adverbs and Nouns   B.** *Trois collègues.* 1. Obélix 2. Astérix 3. Obélix
4. Panoramix 5. Panoramix 6. Panoramix 7. Astérix 8. Obélix 9. Astérix 10. Astérix

Étude de prononciation.   *Dictée.* 1. aime beaucoup retrouver 2. avec eux 3. aller en boîte de nuit
4. pour y passer une soirée 5. j'ai organisé 6. il a duré dix jours 7. d'abord 8. nous sommes montés
9. nous avons passé 10. vacances 11. nous sommes rentrés

Prenez l'écoute!   A. *Mes loisirs.* 1. F 2. V 3. F 4. F 5. F 6. V **B.** *Un entretien avec...* 1. V 2. F
3. F 4. V

En situation.   B.   Qu'est-ce qu'on dit? 1. *Unforgiven* 2. *Schindler's List* 3. *Sleepless in Seattle*
4. *Roxanne* 5. *Alien* **C.** *Impromptu* 1. Pourquoi n'y a-t-il pas 2. le cinéma ouvre 3. attend dans la
salle 4. Qu'est-ce que tu as fait 5. J'ai offert 6. chercher quelque chose à manger 7. va passer

Regardons! A. *Les vacances de ski.* 1. F 2. V 3. F 4. V 5. V **B.** *Ah, les bonnes vacances!* 1. c 2. b
3. c 4. c 5. b

Chapitre quinze

Étude de vocabulaire. **A.** *Règles de conduite.* 1. La pollution   2. La réduction   3. La conservation   4. Le développement   5. la protection   6. La réussite   7. L'élection   **B.** *Questions contemporaines.* 1. a   2. a   3. a   4. b   5. b   6. b   **C.** Counterclockwise, starting at "12:00": Danemark, Allemagne, Pays-Bas, Belgique, Grande-Bretagne, Irlande, Luxembourg, France, Espagne, Portugal, Autriche, Italie, Grèce, Finlande, Suède

Voix francophones. **Cochés:** la fragilité, la peur, l'imitation des jeunes, l'abandon des rêves, les jugements inconsidérés, la hantise de l'argent, le conformisme, le manque d'idéalisme   **Pas cochés:** la stupidité, la politesse, l'incapacité d'aimer, la cruauté

Étude de grammaire. **53. Subjunctive Mood** **A.** *Élections.* pose, mène, parle, lise, prenne, manifeste, réussisse   **C.** *Différences d'opinion.* 1. Brigitte   2. Jérôme   3. Jérôme   4. Brigitte   5. Brigitte   6. Jérôme   **54. The Subjunctive** **A.** *Conseils.* 1. à C   2. à M   3. à C   4. à C   5. à M   6. à C   7. à M   **55. The Subjunctive** **A.** *Stéphane est désolé.* 1. veuille   2. voient   3. vienne   4. se connaissent   5. puissent   6. soit   **B.** *L'Europe nouvelle.* 1. I   2. S   3. S   4. I   5. I   6. S   7. I   8. S

Étude de prononciation. *Les consonnes finales.* **A.** une me<u>r</u> d'azu<u>r</u>, un père attenti<u>f</u>, un rôti de por<u>c</u>, le su<u>d</u>-e<u>st</u>, le passager africain, un sho<u>rt</u> chic, le tenni<u>s</u> international, le concours initia<u>l</u>, la clef retrouvée, l'hôte<u>l</u> blanc, un loyer modeste, un serveu<u>r</u> gentil   **B.** 1. le tabac   2. les bœufs   3. dîner   4. le premier   5. le tapis   6. la clef   7. le nord   **C.** *Dictée.* 1. j'aime savoir   2. se passe   3. choisir la personne   4. je vote   5. je ne comprends rien   6. problèmes de l'environnement   7. centrales nucléaires   8. J'aimerais aussi voir   9. pollution   10. papier   11. produits chimiques   12. Je voudrais que mes enfants puissent nager   13. tomber malades   14. mes grands-parents étaient jeunes

Prenez l'écoute! **A.** *La société contemporaine.* 1, 3, 4, 6, 7, 9   **B.** *Un entretien avec...* 1. V   2. V   3. V   4. F

En situation. **C.** *Impromptu.* 1. je suis persuadé qu'   2. Nous avions plus de trois ans   3. N'oublie pas que l'Europe   4. tu sais bien   5. Je suis convaincu qu'   6. seront beaucoup plus simples

Regardons! **A.** *L'opinion des gens de la rue.* 1. d   2. c   3. e   4. a   5. b   **B.** *La société d'aujourd'hui.* 1. b   2. a   3. a   4. b   5. c

Chapitre seize

Étude de vocabulaire. **B.** *Le français dans le monde.*

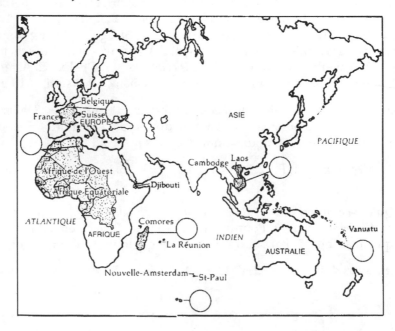

1. le Luxembourg   2. Madagascar   3. le Viêtnam   4. le Maroc, l'Algérie, la Tunisie   5. les îles Kerguelen   6. la Nouvelle-Calédonie   **C.** *Le français dans le Nouveau Monde*   1. a   2. b   3. a   4. b 5. a   6. a   7. a

Voix francophones.   1. 3 000 000   2. Montréal, Paris   3. (*possibilités*) son métro, son centre-ville moderne, ses parcs et ses jardins, ses musées, ses restaurants, ses bars, ses clubs et ses discothèques 4. 70   5. les meilleurs restaurants   6. 4, 4   7. autobus, métro, train de banlieue   8. Elles sont en français, en anglais, en italien et en créole.

Étude de grammaire.   **58. Indefinite Adjectives and Pronouns**   **A.** *L'île de la Martinique.* **Ne sont pas cochés:** l'économie rurale de l'île, la découverte de l'île par Christophe Colomb, le taux d'émigration vers la France, le peintre Paul Gauguin

Étude de prononciation.   **B.** *Dictée.*   1. de la Francophonie   2. 400 000 francs   3. l'écrivain 4. l'Afrique noire   5. la littérature de langue française   6. Né en 1937   7. une grande partie de ses études   8. Il a ensuite fait carrière dans   9. avant d'occuper   10. au Congo   11. Premier ministre 12. 1973 à 1975   13. de la Culture   14. Le chercheur d'Afrique

Prenez l'écoute!   **A.** *Le Septième Sommet de la francophonie.*   1. F   2. V   3. F   4. F   5. V   6. F   7. V 8. V   **B.** *Un entretien avec...*   1. V   2. F   3. V   4. F

En situation.   **C.** *Impromptu.*   1. Alors   2. entre la France et l'Afrique   3. Comment dirais-je 4. mettre   5. Eh bien   6. joué un rôle   7. Euh... cela se peut bien   8. l'époque coloniale   9. Écoutez 10. n'y a plus de colonies

Regardons!   **A.** *Le Sénégal.*   1. b   2. a, b   3. a, c   4. a, b, c   5. a, b, c   6. a, c   **B.** *Étude de vocabulaire.* 1. f   2. a   3. h   4. g   5. b   6. d   7. e   8. c